元気が出る子育ての本 3

小学生
学力を伸ばす 生きる力を育てる

汐見稔幸
東京大学名誉教授
白梅学園大学学長

主婦の友社

はじめに

私たち大人が、日常使っている算数や理科、社会等についての知識は、だいたい小学校レベルだといわれています。それで十分生活をこなせるといわれているのです。算数などは、日本人の平均の学力が小学校4年生レベルではないかとさえいわれています。

逆に言うと、小学校では、かなり高いレベルの学習が行われているということです。実際に一度、小学校高学年の教科書をていねいに読んでみることをおすすめします。みなさんが、へーぇ、こんなにむずかしいことをやったんだ、と感慨を覚えると思います。

お子さんが小学生になると、その意味で親としてもっとも大事になるのは、この、相当むずかしいことをやることになる学校の勉強を、きちんと理解できるように応援してあげることです。

考えてみたら、すごいことだと思いませんか。小学校は6年間です。6年間といえば、オギャーと生まれてから学校に入るまでと同じ年月です。この6年間に、1＋1さえ知らなかった子が、つるかめ算や1億、10億という数を平気で足したり掛けたりするようになるのです。漢字を書けなかった子が、一生使う漢字のかなりの部分を読み書けるようになってしまうのです。すごい進歩です。私たち親は30歳から36歳になるまで、どれほど進歩したでしょうか。その進歩をじょうずに応援する。それがこの時期の親の役割です。

むずかしいことではありません。家庭でできる応援の基本は、日ごろの生活の中で、子ども自身が考えたり、調べたり、頭を使ったりする機会をふやしてあげること、これに尽きます。親子がいっしょに台所に立って「この野菜にはビタミンCが……」とか「この肉、遺伝子操作をした牛の肉だって」とか「この牛乳、ふだんの80％の値段で売ってたのよ」とかの会話をする、それだけで学力の基礎が養われるのです。

この本はそうした家庭での工夫を学年別、教科別にわかりやすく示したつもりです。いずれも少し工夫すればできることばかりです。その工夫の積み重ねが、6年間の学力形成を支えます。ぜひ実践していただければと思います。

汐見稔幸
@白梅学園大学

元気が出る子育ての本❸ 小学生 学力を伸ばす 生きる力を育てる 目次

第2章 教科別 学力を伸ばす家庭学習のヒント

［著者］
汐見稔幸（しおみとしゆき）

1947年大阪府生まれ。白梅学園大学・同短期大学学長、東京大学名誉教授。

東京大学教育学部卒、同大学院博士課程修了。東京大学大学院教育学研究科教授を経て、2007年4月から白梅学園大学教授・副学長。10月より学長。

専門は教育学、教育人間学、育児学。育児学や保育学を総合的な人間学と考え、また教育学を出産、育児を含んだ人間形成の学として位置づけ、その体系化を課題と考えている。

3人の子どもたちの育児にかかわった体験から、父親の育児参加も呼びかけている。

保育者たちと臨床育児・保育研究会を立ち上げ、定例の研究会をつづけ、同会発行のユニークな保育雑誌『エデュカーレ』の責任編集者でもある。

おもな著書に、元気が出る子育ての本①『0〜3歳　能力を育てる　好奇心を引き出す』、同②『3〜6歳　能力を伸ばす　個性を光らせる』『親だから伸ばせる中高生の「学力」と「生きる力」』『「格差社会」を乗り越える子どもの育て方』（いずれも主婦の友社）、『子育てはキレない、あせらない』（講談社）、『子どもの自尊感と家族』（金子書房）など多数。

装丁・本文レイアウト／スタジオ トラミーケ（納富 進・秋葉敦子）
カバーイラスト／平田利之
本文イラスト／植草桂子（第1章）　藤井 恵（第2章〜第5章）
構成／さくらいちほ
編集担当／藤岡眞澄（主婦の友社）

第1章

小学生の学力を伸ばす10のポイント

学力アップの土台は家庭学習にある

入学当初はひらがなをたどたどしく読み、
指を使って１けたの足し算をしていた子どもが、
卒業するころには、分数や小数の計算ができ、
政治経済についても学び、
評論家のような意見を述べるようにもなります。
学力が飛躍的に伸びるこの６年間は、
親の賢いフォローによって
あと伸びする学力を引き出すことができます。

子どもを伸ばす「親の賢さ」

総合的な学力は家庭生活を通して育てる

家庭は、学校の補習をするだけの場所ではありません。もちろん、宿題を見てやったり、答案が返ってきたら理解していないところをていねいに教えることは大事ですし、必要です。けれども、家庭にはもっと大事なことがあります。それは、ふだんの家庭生活を通して、頭を柔軟に使う練習を子どもにいっぱいさせてやることです。

たとえば、料理を手伝ってもらいながら、「冷蔵庫にはきゅうりが6本あるけど、今日は半分の3本を使うわね。半分って50%とか5割と言うのよ」と教えたり、野球好きならテレビの野球中継を見ながら、「10回打って、3本ヒットを打ったら3割だよ」。あるいは買い物で、「この割引券を使って買うと1割引きだから、1000円の買い物をしたら900円になるね」というような会話を日常的にしていたら、算数の「割合」の授業も理解しやすいでしょう。「割合」はつまずきやすいテーマの一つですが、それ

ほどむずかしく感じなくてすむはずです。

「ラーメンを作るから、なべに400㎖の水を沸かして」「豚肉を300g買ってきてね」などとお手伝いをさせていれば、授業でさまざまな数量の単位が出てきても、とまどわずにすっと頭に入っていきます。

国語でも理科でも社会でも同じです。国語なら、子どもの話を聞いてやることや豊富な語彙で会話すること、本の読み聞かせをすることで論理的思考も深まりますし、語彙力も伸びます。いろいろな体験をさせてやって、それを言葉で表現させることも大事です。理科なら「にんじんの切れ端を水につけておいておいたら、葉っぱが出てきた！」とおもしろがったり、社会科なら、親子で地図をいっしょに見ながら旅行の計画を立てたりすれば、地理の学習に興味が出てきます。

学力を伸ばすために必要な「やる気」や「自分への自信」も、親がじょうずに接することで育てていくことができます。

塾に通ったり、学習プリントをひたすらやることだけが学力を伸ばす方法ではありません。安易に計算問題をやらせても、それだけで学力が伸びるわけではありません。

少し手間をかけ、長い目で見て、子どもの学力を伸ばしてやれることが、「親の賢さ」なのです。

2 「あと伸び」する小学生を育てる

今の成績に右往左往せず、中学・高校で学力を伸ばす

小学生の子どもを育てていると、テストの答案が返されるたびに「何点だった？」「クラスで何番？」と、ひとつひとつの成果が気になります。確かに、ひとつひとつをちゃんと理解することは大事です。でも、いつも100点にこだわる必要はありません。

小さなミスをしたからといって、将来の学力が下がるわけではありません。たいせつなのは、学んでいることにいつも興味をもっていることであり、自分であれこれ考えるのが好きになることです。そうなれば、あとで必ず成績は伸びていきます。

たとえば、バーベキューで火をおこして、「なかなか火がつかないけれど、酸素がうまく入っていかないのが原因かな」という体験があり、「燃えるとはどういうことか」と考えたことがあれば、理科の授業で「燃焼」が出てきたとき、「あのときのことだ」と興味がわいて勉強し、それで学力は伸びるのです。

好奇心、工夫する力、考える力、自尊心、やる気を育てていかなければ、中学や高校で成績を伸ばしていくことはできません。

1点、2点を気にしすぎず、「あと伸びする子ども」を育てていきましょう。

3 国語力は読み聞かせで伸びる

物語を聞いて育つと、すすんで本を読むようになる

小学校入学までは熱心に読み聞かせをしていた家庭でも、子どもが字を読めるようになると、読み聞かせをやめてしまうようです。でも、入学したらすぐにすらすらと読めるわけではなく、まだまだ物語を味わうことはむずかしいですから、できたら読み聞かせはつづけてください。

　物語を聞くことは、いくつになっても、自分で読むのと違った味わいがあります。宮沢賢治などの名作をはじめ、小学生向けのすぐれた児童書はたくさんあります。夕食後のひとときを朗読の時間にしてみてはどうでしょうか。親子の楽しい時間になりますし、自分で読まなくても、他人が読んでくれたものをひたすら聞くことでも国語力は伸びます。

　読み聞かせをしてもらった体験の少ない子は、むずかしい児童書はすぐには楽しめないでしょうから、絵本の読み聞かせから始めます。しだいに複雑な物語も理解できるようになります。一方、「小学生のころ、本は読まなかったけれど、読み聞かせをしてもらうのが大好きだった」という子どもは、中学生以降、自分からどんどん本を読むようになる確率が高くなります。

4

「9歳の壁」は豊かな会話で乗り越える

抽象化された言葉のイメージは日常的な会話から理解する

小学生の勉強でいちばんの壁は、3〜4年生にやってきます。「9歳の壁」といわれ、この壁が乗り越えられないと、そのあともずっと学校の勉強につまずき、「落ちこぼれ」になるかもしれない、というちょっと怖い壁です。

このあたりから、学校では抽象的な言葉が急にふえてきます。それまでは「ひとびと」だったのが「人口」になり、足し算、掛け算だけだったのが「おおよその数」「長方形」になります。「直立二足歩行」「燃焼」など、この時期から急速にふえてくるこうした抽象語が生き生きと理解できないと、その先がだんだんわからなくなっていきます。

ここに重要な壁があるのですが、この壁を乗り越えるには、「具体的なもの」と「抽象的な言葉」をつなげて理解する家庭での会話がたいへん大事になります。「9歳の壁」の乗り越え方については、68ページにくわしく書きました。ぜひ、親がていねいに配慮してやってください。

5 日常の会話が子どもの思考力・理解力を伸ばす

たいせつなのは子どもの話をたくさん聞いてやること

親子の会話は、子どもの学力を伸ばす大きな力になります。特にたいせつなのが、親が聞き役になり、子どもにどんどん話をさせることです。「ケンカしちゃった」と子どもが話したら、「何があったの？」と経過を聞き、「そうだよね」と共感し、「あなたはこれからどうしたいの？」とたずね、子どもにともかく考えさせ、話をさせるのです。

子どもは話すことで、順序よく物事を整理したり、論理的に考える練習ができます。

言葉の力は国語だけでなく、理科でも算数でも社会でも必要です。４で述べた「９歳の壁」を乗り越えるのにも決定的に大事です。「勉強しなさい」「漢字のテストはどうだったの？」だけだと、話すのが親で、子どもは従わされる存在になります。これでは思考力は育ちません。語彙が豊富な会話を心がけたり、テレビのニュース番組を見ながら、「どうしてこんな事件が起きるのかしら？」などと話しかけて、子どもの言葉をじょうずに引き出してください。

日常会話の豊かさは、学力にボディブローのようにじわじわときいてきます。

6 体験による好奇心、興味が学力を伸ばす

子どもは体験をたぐり寄せながら学習内容を深く理解する

子どもは自分の体験と照らし合わせながら、学習内容を理解していきます。

お手伝いをしているときに、「今日のおでんには大根の$\frac{2}{3}$を使うわよ」と言われたことがあれば、分数の学習でも、「大根1本を3つに分けたうちの2つで$\frac{2}{3}$だった」と自分の体験をたぐり寄せ、分数をすんなり理解できます。野菜を育てていれば、理科の生物や社会科の特産物の授業にも興味をもちます。満天の星を見上げたことがあれば、宇宙の不思議を感じ、星に興味をもったり、重力について考えたりするかもしれません。さまざまな体験をしていると、学習をするときにピーンとくるわけです。

体験をするより問題集をこなしたほうが、手っとり早く成績が上がるような気がします。問題集をたくさんやればそれだけでほんとうの学力が身につくなら、こんなにラクなことはありません。でも、人間は体験をベースにした好奇心や興味によってこそ、深く考えたり、工夫したりできる動物なのです。

学校で勉強しても、家庭で親から職場の愚痴ばかり聞かされる子どもは、働くのはつまらなそうだと感じ、結局、勉強に興味をもつこともできなくなって、成績も上がらないということになりかねないのです。体験の内容、質こそ学力の土台です。

7 子どものやる気は好きなことに没頭するなかで引き出される

好奇心をもって遊んだ経験が学習のおもしろさの発見につながる

「いつになったら、やる気を出して勉強するのかしら」とやきもきしているお母さんは多いと思います。でも、急がば回れです。

勉強にやる気をもたせたいなら、むしろ思いっきり好きなことをさせてやることです（ただし、テレビゲームは工夫する余地が少ないのでここでは除きましょう）。

小学生も中・高学年になると、知らないところに行ってみたいとか、学校で学んだところを実際に見てみたいとか、月を望遠鏡で見てみたいと、好奇心がどんどんふくらみます。それをなんらかの形で満たすように配慮してやります。そうすれば、興味をもったらどんどん自分で調べたり、「こんなふうにやればうまく解ける！」というようになっていき、学習の楽しさやおもしろさを見つけていくことができるようになります。新しいことを発見したり、本を読んでおもしろいことを見つけたりして楽しい！　そんな心の躍動感が、好奇心、やる気を生み出します。

人に言われたからするのでなく、自分でおもしろいからやることが好奇心を生み、学力を育てます。

8 自尊感情が成績を伸ばすカギになる

「私はできる」と信じてこそ勉強にとり組める

「ぼくだってやればできる」「私っていいとこあるじゃない」と思える自分への信頼感、それが自尊感情です。小学校高学年で、自尊感情の高い子どもと低い子どもをグループ分けして、中学進学後の成績の伸びを比較した研究があります。その結果、自尊感情の高い子どもは成績の伸びがよく、自尊感情の低い子どもは「自分はだめなんだ」と思ってしまいがちで、成績があまり伸びないことがわかりました。

日本の子どもたちの自尊感情は世界の子どもの中で最も低いというデータがいくつも出ています。さまざまな原因が考えられますが、まずは「させられている」と感じることが多いと自尊感が育ちにくいということは頭においておく必要があります。自分の意志でやっている、自分の意見が大事にされていると子ども自身が感じる体験の積み重ねが自尊感情を育てていくのです。

親子の会話においても、子どもの話をしっかり聞いてやり、共感してやります。自分の言ったことを親は認めてくれたという小さな積み重ねは、大きな自信になります。子どもが夢を語ったときは、「もっと勉強しないと無理よ」ではなく、「あなたならできるわよ」と励ましてやることです。

9 学習の基本が詰まったお手伝いをさせる

学習効果と同時に幸せに生きていく力も育てる

　お手伝いには、学習の基本が詰まっています。特に料理は、材料をはかることによって、g（グラム）やℓ（リットル）などの数量を覚え、算数を理解する大きな助けになります。材料を倍にしたり、半分にしたりすることで、倍数や分数の計算にもなじむことができます。「ほどよいかげんね」とか「まったりしたおいしさね」などの微妙な言い回しも理解できるようになり、さらに栄養学や環境問題に関心をもつきっかけにもなります。

　お手伝いをして得た「私は家族の役に立っている」という自信は、自尊感情を高めることにもなります。買い物や、親戚の家に届け物をすることで、外部の人とのかかわりをもち、社会性を養うこともできます。お手伝いの学習効果は抜群です。

　さらに、子どもがこれから生きていく力も鍛えます。パパッと簡単な料理が作れる、気楽に掃除にとりかかれるということは、楽しく幸せに生きていくうえで、とても大事です。

　ただし、お手伝いを強制的にさせると、「家事はめんどうなもの」という意識をもってしまうことになります。親子で楽しんでいっしょにすることが秘訣です。

10 中学受験をさせるのなら豊かな可能性を鍛えるきっかけに

頭を鍛えた経験は中学・高校で生きてくる

中学受験がはやっていますので、わが子をどうするか、悩んでいるかたも多いと思います。

ほんとうは小学校時代はのびのびと好きなことに没頭させ、自分であれこれチャレンジする練習をさせたほうがあと伸びする可能性が高くなるはずです。でも、周囲がみな受験する状況では、そうも言っていられないと感じるかたも多いでしょう。

もし受験をさせるのなら、点数の1点、2点を気にするのではなく、ましてや「希望校に入学できるか否かがあなたの将来を決めるのよ！」というようなせっぱ詰まった追い込み方をするのでもなく、頭の柔軟な成長の時期に、頭を鍛える練習をするのよ、というような姿勢で準備させるのが、子どもにとっても、親にとっても最もたいせつだと自覚することが必要でしょう。

そうすれば、もし希望校に入れなくても、あのときの体験がそれなりに役立っていると感じて、中学・高校生活を送ることが可能になります。徒労感や挫折感を極力避ける。これが、中学受験の際の親の配慮でいちばん大事なことです。

第2章

教科別 学力を伸ばす 家庭学習のヒント

つまずきやすいポイントをていねいに解説

ここからは算数、国語、社会、理科、英語の教科ごとに、
子どもの学力を伸ばすために、
家庭や日常生活で心がけてほしいこと、
ぜひ実践してほしいことを提案します。
学習を進める過程でつまずきやすいポイントや、
きちんと理解させる教え方のコツもご紹介します。

算数
1年

足し算、引き算の計算の前に「数」の意味をきちんと理解させる

ふだんの生活の中で数える体験をさせる

家庭でぜひともやってほしいのは「数える体験」です。たとえばギョーザを作ったとして、「パパは10個」「ママは8個」「○○ちゃんは6個」だとしたら、「全部で何個になるかしら?」と、実際に数えてみます。みかんを食べるときも、「パパは3つ、ママは2つ、○○ちゃんは2つね。全部でいくつをみかん箱から持ってくればいいのかな?」と考えさせます。

お風呂で湯ぶねにつかっている間などを利用して、「1、2、3、4……10、11……」といっしょに声に出して、100までの数唱もやりましょう。

ほとんどの子はすんなりできるでしょうが、49の次が50になり、89の次は90というような1~0の繰り返しがちゃんとわかっていないと、算数そのものに自信がなくなってしまいますから、何度でも確認してやります。

数字には、2つの意味があります。「りんごが2個ある」と「2番目の大きさ」では、同じ「2」という数字を使いますが、「量としていくつあるか」「順番として何番目か」というように、意味が違います。子どもはまちがえやすいのですが、繰り返し数えることで、だんだんと意味の違いを把握できるようになります。

「12」は「10のかたまりが1個」と「1が2個」でできている

次に身につけさせておきたいのが、「十進法」の概念です。

たとえば12という数字は「1の単位が2個、10の単位が1個」という意味であることがわかっていないと、計算もあやふやになってしまいます。

2けたの数であれば、いちばん右の数字は「1が何個あるか」、右から2番目の数字は「10が何個あるか」をあらわしている、とわかっていることが重要なのです。

家庭では、「1」をあらわす1個の正方形、この正方形を10個集めた「10」の短冊、この短冊を10個集めた「100」の正方形を10個ずつ用意しておき、「23なら、10(の短冊)が2個と1(の正方形)が3個」と、数を実際につくる練習を遊びのようにして何度もやり、数の概念が身につき、理解できるよう工夫します。

これがしっかり理解できていないと、1年生の計算も、2年生の繰り上がり、繰り下がりの計算も確実にこなすことができません。

足し算は指を使って慣れることから始める

「数」が理解できたら、指を使って簡単な足し算をしてみましょう。足し算の概念がすんなりわかるようになります。

たとえば左右の人さし指を1本ずつ出して、「1本と1本を合わせるといくつになる？」「2本だよ」「それを1＋1っていうんだよ」というところから始めます。次に1本と2本を出せば、「3本」とすぐわかるでしょう。

指を使った計算をしていると、「5」をひとつのまとまりとして考えられるようになり、6は5と1、7は5と2ということがわかるようになります。

2学期になって「5＋7」という計算が出てきても「7は5と2だから、5と5と2になって12だ」と理解しやすくなります。

算数 1年

1けたの「足し算」「引き算」は繰り返し練習して覚える

足し算を理解させるときは足し算だけを繰り返す

足し算をマスターしたいときは、繰り返し足し算だけを練習し、まちがえないで計算できるようになってから、引き算の練習を始めます。足し算が十分に理解できていない状態で引き算の練習に入ると、子どもは混乱します。たとえば右と左を教えるときも、「右はこっち、左はこっち」といっしょに教えると混乱しますが、しばらくの間は「右はこっち」と徹底的に教えると、左と右をまちがえないものなのです。

10までの足し算・引き算は丸暗記すると学習が楽になる

「1＋2＝3」「4＋3＝7」「5＋5＝10」など、10までの足し算は、丸暗記してしまうくらいまで慣れさせたほうがいいかもしれません。

最初は指を使って足し算の意味を理解することから始めて、それに慣れたら、頭の体操のような遊びのかたちで足し算の練習をしましょう。たとえば、「7＋1は？」「8＋1は？」「9＋1は？」と1ずつ足していく、あるいは「7はあといくつで10になる？」「8はあといくつで10になる？」と聞いていくのです。

学校の勉強とは別に、家庭で1年かけて、1けたの計算が暗算でできるように何度も練習させてあげてください。10までの足し算は、覚え

てしまったほうが算数の学習が楽になります。

1けたの引き算も、最初は指を使っててい ねいに理解していきます。そして、引き算の概念を理解したら、足し算と同じように丸暗記してしまうくらいまで練習させてください。

初めのうちは「2－1」「3－1」「4－1」というように1ばかり引いていき、「次はちょっとむずかしいよ」といって、2ばかりを引いていく。そして8まで引いた（「9－8」まで進んだ）ら、今度は順序をばらしてやってみる。このようなていねいさが必要です。1年生の夏休みは、1けたの足し算と引き算を重点的に練習してください。めんどうでしょうが、これがあとで生きてきます。練習してください。

意外にめんどうな「2けた－1けた」の計算はじっくりと

子どもにとって「2けた－1けた」の計算の考え方は、意外に理解に手間どるものです。

たとえば「15－8」なら、「10から8を引く」「残りの2と5を足す」「答えは7」というふうに教えるとわかりやすいと思います。そういう操作をたくさん練習することです。

「2けた－1けた」の計算の場合は、答えを覚える必要もありません。答えを覚えてしまうと、「10から引いて、残りを足す」というような引き算の基本の操作をしなくなるからです。

算数において、「基本の操作」はとてもたいせつです。基本の操作をおろそかにしたり、すっ飛ばすと、あとになって思考力や操作能力が伸びなくなることもあります。ああでもない、こうでもないとやっているほうが、複雑な思考の土台をつくる練習になるのです。1年生の算数は基礎の基礎ですから、計算方法をあやふやにしておかないこと。そうしないと、その先の算数が理解できなくなる可能性があります。

そして、家庭での計算の練習はゲーム感覚で楽しんでやることです。

つまずきやすい応用問題は実際のものでやってみる

1年生の応用問題でむずかしいのは、文章の意味は足し算なのに、答案の計算式は引き算になる問題です。

たとえば「ゆみこさんはおはじきを何個か持っていました。そのあと、おはじき取りをして8個とりました。すると、ゆみこさんのおはじきは全部で19個になりました。ゆみこさんは初めに何個持っていたでしょう」という問題です。足したら19個になったというのに、計算は「19－8」と引き算をしなくてはならず、こういうところでつまずくことがあります。

ピンとこない子どもには、実際のおはじきで考えさせてみると、「あっ」とわかることも多いようです。一度わかれば、同じような問題はまずできるようになります。

1年生から6年生まで

家庭でつづけてやってほしいこと 算数好きな子どもに育てよう！

「はかる体験」で算数が好きになる

ふだんの暮らしの中で、ものの重さをはかったり、長さをはかったりして、数についての実感が身についていると、算数が好きになる可能性が大きくなります。

2年生になると「ｍ」や「cm」など長さの単位が登場し、3～4年になると面積や体積の単位も登場。同じ体積でも「ℓ」や「mℓ」などの単位も出てきます。

数量についての感覚を身につけるには、学校の授業だけでは時間が足りません。家庭生活の中で「はかる」体験をたくさんさせましょう。

人間の思考というのは、単純に数の計算だけをしているのではなく、実際のものを思い浮かべ、イメージして見当をつけています。だから、1mℓがどのくらいかの感覚がないと、計算を助けるイメージがわきません。

牛乳パックは1ℓ、ペットボトルの大きいものは2ℓ、コップ1杯は約200mℓ、計量スプーンで小さじは5mℓ、大さじが15mℓと目安がついていると、計算が楽になります。単位の中でもわかりにくい「dℓ」は、1dℓが100mℓなので、コップ1杯は2dℓと覚えておけばいいでしょう。

「はかる」を体験するには、料理のお手伝いをするのがいちばんです。「パスタをゆでるから、なべに1.5ℓの水を入れておいて」と頼んだりして、実際に量をはからせます。

cmやmmなど長さの単位を理解するときも、定規でいろいろなものをはかってみることです。「あれは何cmあると思う？」とクイズを出して、実際にはかって当たっていたらおやつを1個ふやす、というゲームにしてもいいでしょう。

郵便を出すときに「この封筒は定型（郵便物）で大丈夫かしら？」と、子どもに封筒の縦横の長さをはからせたり、重さをはからせたりします。

「トラは体長が3ｍもあるんだって」

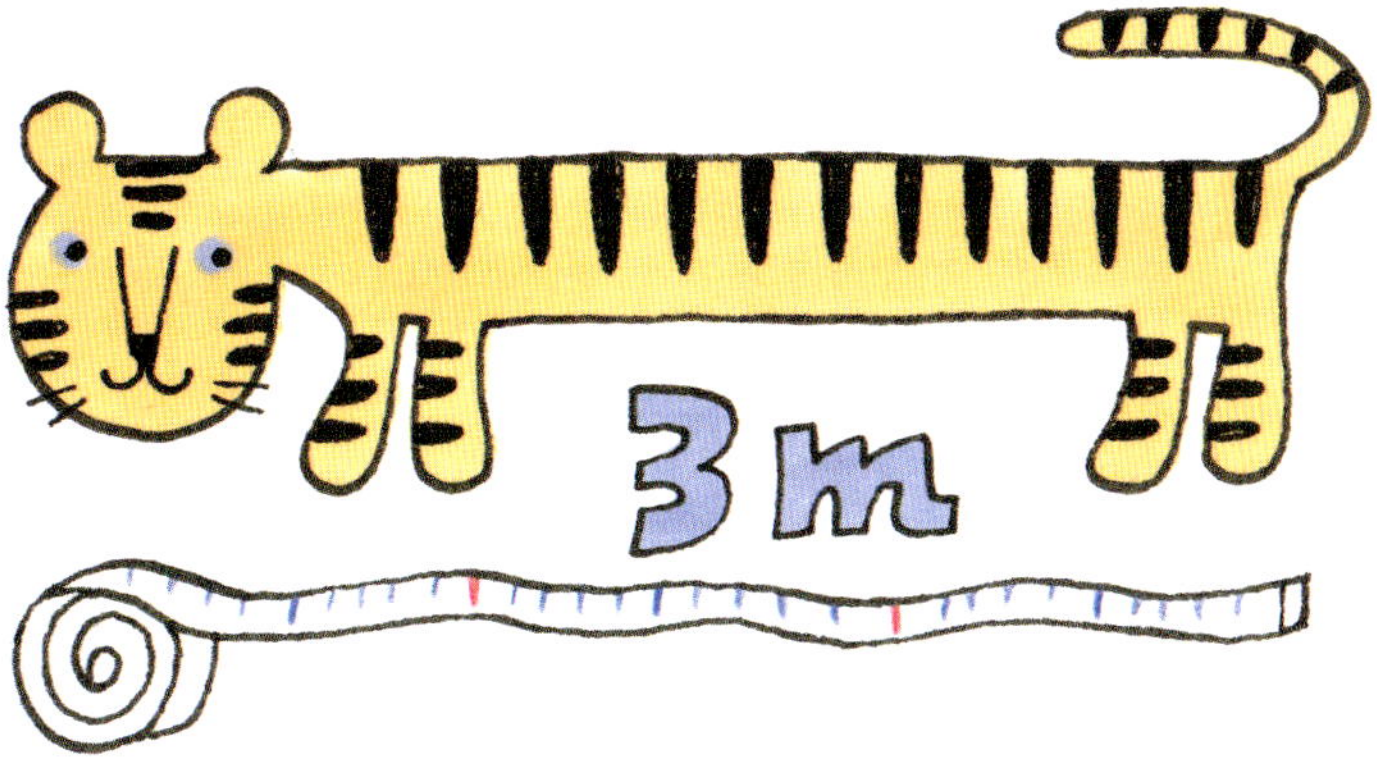

と、家の中で3mの長さをメジャーではかって大きさを実感したり、最寄りの駅までの距離を地図を使って調べてみるのもいいでしょう。

　重さを実感するには、体重をはかったり、「豚肉200g」などの買い物をさせてください。ケーキは材料の分量をきちんとはからないとおいしくできないので、ものをはかる練習に最適です。できることならアナログのはかりで、目盛りを読む練習ができるといいですね。

　時計もデジタルではなく、長針と短針のあるアナログの時計があると、時間の意味を理解しやすくなり、時間の計算もわかりやすくなります。

直線を引く練習をする

　図形の学習が始まると、えんぴつで定規に沿ってまっすぐ線を引かなくてはなりません。これが初めはむずかしいのです。さっさとできなくて、まごまごしていると授業でおいていかれてしまいます。

　学校はたいてい線を引くことまでの指導はしてくれません。だからこそ、授業にきちんとついていけるように、家庭でそうした準備や練習をしておくことがたいせつになるのです。

日常生活で分数、割合を

　もう一つ大事なことは、日常生活で、分数や割合をおりにふれて使うことです。

　たとえば、「大根の1/3を使ってね」「コップに水が8割入っているわ」というような会話をしていると、算数で分数や割合の考え方が出てきたときに、すんなり理解することができます。

高学年になっても体験をつづける

　算数は6年間を通して、日常生活の体験とともに理解する学習がつづきます。授業を理解していないと感じたときは、すぐに計算問題！というのではなく、まずものをはかったり実体験をしたりしながら、ていねいに理解させてください。

　そして高学年になったら、「その棚の高さをはかって、上からちょうど1/3のところにくぎを打っておいて」とか「料理本に書いてある1.5倍の量の料理を作るから、材料は全部1.5倍用意して」というように、高学年ならではの高度なお手伝いをしてもらうのもいいでしょう。

九九をしっかり練習することが2年生のいちばんのテーマ

繰り上がりと繰り下がりは数の意味を理解していればできる

繰り上がりと繰り下がりの計算で大事なのは、22ページで述べたような数字の意味をきちんと理解していることです。

たとえば「37＋28」では、最初に1の位の計算をして「7＋8＝15」、そして、「15」の「1（10）」を10の位の「3＋2」に足すわけですから、練習すればむずかしいことではありません。

ルールがわかっていて、計算の練習をていねいにやれば、まちがえることもないでしょう。

問題は繰り下がりの計算です。「45－18」は1の位で5から8を引けないので、10の位から1を借りてきて「15－8」の計算になり、1の位は「7」となります。この計算ぐらいは暗算で答えを出せないと、スムーズに先に進めなくなってしまいます。そして、10の位は「4－1－1」で「2」となり、答えは27になります。

一見すると複雑ですが、1年生で計算練習をしっかりやり、1の位の意味、10の位の意味がわかっていればできるはずです。算数の計算は積み重ねです。ぜひ、ていねいに見てやりましょう。

「九九」の学習は親の応援が必要

「九九」を覚える前に、まずは掛け算の考え方をしっかり教えます。

これまでは、8を4回足すときは「8＋8＋8＋8」というように数字を1つずつ足していましたが、「8×4」と掛け算にし、その答えを「九九」として覚えておけば、計算はずいぶん楽になります。つまり、同じ数を何回も足すことを簡略にすることが、掛け算なのです。

授業で九九をやるようになったら、お母さんがごはんを作っているときや片づけをしているときなどに、「いま聞いていてあげるから、3の段を言ってごらん」と声をかけたりして、まちがわなくなるまで、いろいろな形で応援してください。

7の段や8の段になるとあやふやになって、めんどうくさがることもあるでしょうが、なんとかおだてて、「まちがえないで言えたら遊びに行こう」とあの手この手でやらせてください。

計算は計算機やコンピュータにまかせる時代といっても、少なくとも学校生活の中では九九ができないと困ってしまいます。また、九九をあいまいに覚えていると、このあと、計算ミスが多くなります。

九九は一度覚えても、しばらくたつとあやふやになりがちです。特に6の段以降がそうです。1カ月後、2カ月後にもう一度、「覚えてる？」と言って、やってみてください。九九をていねいに何度も繰り返しやることが、2年生のいちばん大きなテーマです。

車に乗っている間に楽しく学力を伸ばす方法

わが家では子どもたちが小さいころ、車で外出して渋滞したときは、「前の車のナンバーで、足し算、引き算、割り算、掛け算を駆使して10にする」というゲームをよくやっていました。たとえば「2462」というナンバーだったら、「6÷2＝3、3×4＝12、12－2＝10」というような計算です。みんなで競争してやっていました。

そのほかに車でやったのは、宮沢賢治の童話の朗読テープを聞くこと。『グスコーブドリの伝記』など、うちの家族はだいたい暗記しているのではないかと思います。子どもに「本を読みなさい」と言ってもなかなか読みませんが、聞くことは好きです。名作の朗読を聞くことは、語感や言葉の使い方などが豊かになり、子どもの想像力の世界も広がると思います。

むずかしくなる応用問題。掛け算や割り算の意味に立ち戻って考える

掛け算の応用問題は正しい計算式を立てる

「ゆみこさんは毎週１００円ずつ貯金しました。15週つづけて貯金したとき、何円になるでしょう」という文章問題があるとします。この問題で、計算式を「１００×15」と書くのがいいのか、「15×１００」と書くのがいいのか、どちらでしょうか。正しい計算式の書き方は、「１００×15」。答えの数字はどちらでも同じですが、問題によっては、この順番が重要なこともあり、算数では掛け算の前にくるものの単位が答えの単位になります。

掛け算の応用問題については、「同じものを何回も足さなくてはいけないときに、省略して計算するのが掛け算だ」という意味がわかっていないと、正しい式が立てられなくなります。

割り算の意味を理解すれば応用問題もつまずかない

割り算も、同じ数でいくつのグループに分けられるか、という意味を正確に理解していればむずかしくありません。

たとえば、52枚のトランプを４人に同じ枚数ずつ分けて配るとき、順番に配っていくと１人13枚ずつになります。しかし、１枚１枚配ると

時間がかかるので、何枚ずつ分ければいいのかを早くわかるようにするのが割り算です。そのことをしっかり理解していれば、割り算でつまずくことはありません。

意味がわからなければ、苦手になる

これから先、算数が得意な科目になるか、苦手な科目になるかは、早く計算ができるかどうかということよりも、掛け算や割り算の意味がわかっているかどうかで決まります。計算は練習をすればできるようになりますが、割り算や掛け算の意味がわからなければ、問題を解くのに掛け算にするのか、割り算にするのか、どんな計算式にすれば答えが導けるのかがわからなくなって、算数の力が伸びなくなります。

掛け算でも割り算でも、子どもがつまずいているときは、具体的なものの世界で何度も確認してやることです。計算問題を解くのではなく、掛け算や割り算の意味を考えさせていくのです。

「えんぴつが3ダースあります。1人4本ずつ分けることにしました。何人に分けられますか」という問題を例に考えてみましょう。1ダースが12本ですから、3ダースは掛け算で「12×3」で36本。4本ずつ分けるということは「36本から4本ずつとっていくと、いくつのグループに分けられるか」と考えて、「36÷4」という式になる。だから、答えは9人、というようにていねいに考えます。実際にえんぴつを出してきて考えるのもいいでしょう。

そのあたりでもやもやしていると、算数に対する苦手感情が生まれてしまいます。

中学受験のあとのつまずき

「割り算も掛け算も意味を理解して！」と繰り返し述べていますが、中学や高校でも「この計算はこういう意味だ」というところに戻って計算していると苦手にはなりません。九九は暗記するべきですが、それ以外は暗記で問題を解いていると、だんだんわからなくなってきます。

つまり、算数は「意味の学問」なのです。

ここでしっかり覚えておいていただきたいのは、中学受験した子どもが、中学・高校の数学でつまずいてしまうことがあるという事実です。中学入試の算数は独特なところがあり、たとえば伝統的なつるかめ算を複雑にしたような問題を、できるだけ簡単に、早く解く練習をします。いくつかの解法パターンを覚え、それに沿って解いていくのです。

ところが中学や高校になると、方程式などで理路整然と解くようになり、思考の経路がちょっと違ってきます。特にそれがはっきりするのは、大学入学後です。受験数学が得意だったのに、大学ではんとうの数学が始まったらさっぱりできなくなったということがよく起こるのです。

算数で大事なことは、「掛け算とはどういう意味なのか」「分数とはどういう意味なのか」という意味がわかっていることです。算数をテクニック操作だと思っていると、だんだん伸びなくなってしまいます。めんどうでも意味をしっかり理解する。これが学びの基本です。

算数

4年・5年・6年

分数、割合、小数などは日常生活の中で理解する

体験で分数と割合の苦手意識をなくす

高学年の算数は、「分数」と「割合」を理解することが最大の山場になってきます。

数量の計算のところで書きましたが、分数も割合も日常の体験で使っていると、すんなり理解できます。体験とともに理解できるのです。

たとえば、分数。「長ねぎの$\frac{1}{4}$だけ使ってね」とか、「そのおかず、$\frac{1}{3}$はお弁当に使うから、とり分けておいて」というような日常会話があれば、「$\frac{1}{4}$というのは4個に分けたうちの1個のことだな」と体験でわかるのです。

割合でも、野球では打率が3割とか4割という言葉が出てきますから、「10回打って3本ヒットが出たら打率は3割。じゃあ、20回打って打率3割になるには、ヒットを何本打てばいいんだろう」と子どもは考えるわけです。

夕方、スーパーに買い物に行って、１０００円のお惣菜に10％引きのシールが貼ってあったら、「値段は90％になるから９００円」、20％引きなら「80％の値段だから８００円」とわかってきます。「今日のうちに5割終わっていれば、あとは明日、同じだけやれば終わるから大丈夫よ」と言えば、５割とは半分のことだとわかります。

日常生活を通して体験し、理解していくと、授業で出てきてもおおかたの予測がつき、まちがえにくいのです。

分数は計算問題が解けても、文章問題が解けるわけではない

分数でつまずきやすいのは、教え方にも問題があるようです。

たとえば、「１mのテープがあります、その$\frac{1}{3}$は$\frac{1}{3}$mです」。このやり方で分数の学習が進められると、テープの長さが2mになっても、３mになっても、その長さの$\frac{1}{3}$は$\frac{1}{3}$mと考えてしまう子がでてきます。$\frac{1}{3}$というのは、全体を「1」としたときの割合なのに、実際の長さと混同してしまうのです。割合を、実数と同じように理解してしまうわけです。

割合の意味、分数の使い方がわかっていないと感じたら、「大きなキャベツでも、小さなキャベツでも、$\frac{1}{3}$は、３つに分けたうちの1つなのよ」と繰り返し言葉にして伝えていると、

意味を理解していきます。

分数の理解が十分でないと、計算問題はこなせても、文章問題になると歯が立たなくなります。だからこそ、家庭での実体験を通して分数や割合を理解することのたいせつさがきわ立つのです。たとえば、「箱におまんじゅうが12個入っているけど、半分はおばあちゃんに持っていくから、その残りの1/3を食べてもいいわよ」とか「クリスマスケーキの3/5を2人で分けてね」というような複雑なこともやらせてください。

小数は掛け算でも小さくなる？

文章題によるつまずきがふえてくるのは、5年生になってからです。その原因の多くは、掛け算や割り算、単位や割合など、それまでに学習してきた算数の基礎、意味を確実に理解していないため、と考えられます。

たとえば、「100円の25％はいくらですか」という問題。「100×0・25＝25」と計算するのですが、子どもにとっては「数を掛けたのに、元の100という数字より減っている。おかしいな、まちがったかな」と思ってしまいがちです。このときに「100の25％は100の0・25倍で、100に0・25を掛けたものだ。1より小さい数を掛けたんだから、元の数より減った」と、掛け算や小数の意味をしっかりと理解していることが大事です。

つまずきを発見したら ひとつ前に戻る

返却されたテストなどでつまずきを見つけたときのたいせつなポイントは2つあります。

1つめは、つまずきの1つ前、2つ前の単元あたりに戻って、復習してみること。

2つめは、なるべく具体的な場面におきかえて、ていねいに考えさせることです。

しかし、あとでくわしく述べますが（71ページ）、高学年の算数を親が要領よく教えるには限界があります。子どもと相談して、塾に通うのもひとつの手だと思います。

国語

国語力を伸ばすには、「読み聞かせ」がたいせつ

国語力アップはロングスパンでとり組む

国語は、算数のように1＋1＝2というようなはっきりした答えがあるわけではありません。○×がはっきりしているのは漢字や文法ぐらい。かといって、社会や理科のように、暗記することがものをいう教科でもないので、短期間で成績を上げることがむずかしい科目です。

その一方で、国語はすべての勉強につながっています。算数を理解するのも、社会や理科の教科書を読むにも、国語力が基礎になります。

ですから、目の前の国語のテストの点数をとるというよりも、もっと長い目で見た「国語力」をつけることを目標にしましょう。

読み聞かせは小学生になってもつづける

国語力、言葉の力をつけるためにまずやってほしいことは、実は「読み聞かせ」です。

ほとんどの家庭では、小さいころから絵本の読み聞かせをしてきたことと思いますが、小学生になるとやめてしまう家庭が多いようです。でも、「児童書の読み聞かせ」はそのあともたいせつです。

まだ文字をすらすらと読めない子どもは、本を読めても物語を楽しむことはできません。読み聞かせによって、語り手とイメージを共有していくことは、自分ひとり

で読むのとは違う楽しい体験です。大人でも、朗読を聞くのは楽しいものです。

読み聞かせをすることで、子どもは「言葉によって広がる世界」に興味をもち、のちに自分で本を読むことにもつながっていきます。

読み聞かせは家庭文化。1日5分でも時間をとる

国語力が世界一といわれるフィンランドは、世界でも指折りの読書国家です。公共図書館が充実し、熱心な家庭は1000冊程度の子ども用の本をおいているといいます。小学生になっても親が本を読んでやることが多く、それも職場から帰ってきたお父さんが夕食をすませたあとに、「さあ、読むぞ」と読み聞かせをすることが多いそうです。

日本でも明治の終わりごろまでは、お父さんが貸し本屋で『南総里見八犬伝』などを借りてきて、みんなの前で大きな声で読んでいたという記録があります。テレビもラジオもない時代だったので、それはすばらしい娯楽だったでしょう。樋口一葉も、いつもお母さんに本を読んでもらっていたと日記に書いています。

今はテレビもインターネットもラジオもありますが、「子どもに読ませたい」と思った本は、ぜひ親が情熱を込めて読んでやってください。子どもは、自分からはすすんで読まないような本を読んでもらって「へえ、そうなんだ」と思う瞬間があれば、国語力が高まります。

読み聞かせは、小学生になったからとやめてしまわず、つづけてください。昔から子どもたちに愛されている児童書でもいいですし、親が「日本人なんだからこういうことは知っておいてほしい」という内容の作品でもいいでしょう。

夕食後に5分でも10分でも読み聞かせのひとときをもつ――そういう家庭文化があると、読書好きの子どもに育ちます。

国語

国語力を伸ばす 2つめのポイントは「親子の会話」

親子の会話はじわじわと国語力にきいてくる

国語力を伸ばすために親ができることの2つめは「会話」です。

親の言葉が「早くしなさい」「勉強しなさい」「何をぐずぐずしているの」「ばかなこと言っていないの」「あなたが悪いの」というような紋切り型ばかりでは、限られた単語が使われるだけです。

親が豊富な語彙を使って子どもと会話し、それを5年10年と積み重ねていけば、国語力をつけるために大いに貢献することは明らかです。

日常の親子の会話が充実しているかどうかは、じわじわと長い時間をかけて、国語力にきいてくるのです。

毎日の生活で感じていることを言葉にする

心の中で思っていることを言葉にかえるのはむずかしいことです。特に、感情は正確に言葉にしにくく、そのためには言葉を工夫することが必要になります。

たとえば、心身が疲れた状態を「体の心棒が抜けたようだ」と言うのか、「立っているだけでもうっとうしい」と言うのか、いろいろな言い方があります。どう表現したら、自分の気持ちや状態にいちばん近いのかを考えながら言葉にするわけです。

感情や心の状態は、そのあり方が無限で、しかも流動的です。自分の今の気持ちを正確にあらわすとしたら１００万語いるかもしれません。

ところが、比喩を使って表現すると、ピタッとひと言で言い当てられることもあるのです。何百語費やして説明してもうまく伝わらなかったことが、「要するに暖簾に腕押しだったの」などと表現すると、すんなり伝わりやすかったりします。

言葉の訓練とは、「自分の思っていることや感じている感情をあらわすのに、いちばんふさわしい言葉は何か」と探すことです。その言葉を見つけ出し、選ぶ訓練をさせていくことが、言葉の力を育てていくということなのです。

ですから言葉の体験をいっぱいさせてやることが大事です。会話も、本を読むことや読み聞かせをしてやることと同じように言葉の体験のひとつであり、子どもに強要しなくても、さりげなくしてやれる国語力の訓練なのです。

家庭内の会話の差は成績の差になる

イギリスの教育学者であるベージル・バーンシュタインが行った興味深い調査があります。イギリスでは、労働者階級の日常英語と中産階級のそれが大きく異なるので、そのことと学力に関係があるか、調べたのです。

調査では、労働者階級の家庭の会話には「めし」「風呂」「うるさい」というような短い単語が多く、しかも接続詞が少なく、なかでも「けれども」というような逆説の接続詞が極端に少ないことがわかりました。

一方、中産階級家庭の会話は文章が長く、接続詞が多用され、逆説の接続詞が使われて、文章が複雑になっていました。使われている単語も多く、論理性を大事にしていました。

学校の勉強では、比較的長い文章を用い、接続詞を多用しています。中産階級の子どもたちのほうが学校の言語に適応しやすいということを明らかにしたのです。労働者階級はみずからの言語を使うことによって、労働者階級の人間を再生産している、と問題にしたわけです。その後、事態はそう単純ではないという議論が展開されましたが……。

日本においても、「うるさい」「これはこうだと決まっているんだ」と子どもの言葉を切り捨ててしまうのか、「私はこの点でこう思うけれど、あなたの意見は？」「お母さんもあなたと同じ意見なんだけれど、あなたはなぜそう思ったの？」と、なるべく長い文章を使い、ていねいに子どもの意見を聞いてやれるかどうかで、国語力に差が出てくる可能性があるということは、いつも頭におくことが必要でしょう。

国語

「聞き役」になって国語力を伸ばす

親はじょうずな聞き役になる

会話でたいせつなことは、親が豊富な語彙を使うこと。親がたくさんの言葉を使えば、子どもも多様な表現をするようになります。

そしてもうひとつ、子どもに話をさせてやることがとても大事です。子どもがありのままの気持ちを言えたら、「なるほどね」「よく言えたわね。お母さんの子どものころは、そんなふうにはなかなか言えなかったよ」とひとまず共感したうえで、「それであなたはどう思うの?」といっしょに考えてやる。子どもが言葉を探すのを手伝ってやります。さらに「どうしてそういうふうに思ったの?」と投げ返して、子どもの言葉をじょうずに引き出すような聞き役になってやります。

子どもの意見を否定しない

そうやって子どもに話をさせても、「なんでそんなことをしたの?」「その考え方はまちがっているよ」と親が頭ごなしに批判したら、子どもは話すようにはならないでしょう。子どもは、自分の意見や考え方に共感してもらえなければどんどん話そうとはしません。子どもの意見や考え方に共感することは、子どもの自尊心を育てることになるのです。

言葉の力はほかの教科のベースにもなります。理科でも社会でも算数でも、教科書は文章で書いてありますし、テストの問題も（算数でも応用問題は）文章で書いてありますから、意味を読みとらなくては学力は伸びていきません。

会話が苦手な日本人。親子でも言葉で伝える習慣を

「子どもにきちんと話をさせてやる」といっても、日本人のほとんどは自分の意見を堂々と述べることが苦手です。ツーと言えばカーと通じ

るような間柄がいいとか、「おーい」というひと言で、夫の言いたいことがわかるような夫婦関係がほめられたりもします。

日本の社会や人間関係では、言葉できちんと確かめたり、突き詰めたりすることが、望ましいこととされてきませんでした。ですから、論理力や表現力、説得力、あるいは相手の話をしっかり聞くという訓練が家庭では行われにくいのだと思います。

それは、日本が島国で、自分の考え方を言葉で主張して、相手を説得する必要がなかったことが大きな要因でしょう。隣国と地つづきのヨーロッパなどでは、もめ事が起きたときに武力紛争を避けるには言葉の力に頼るしかなく、対話の文化の必要度が大きかったのです。そうした歴史的背景を受けて、学校でも話し方のスキルを磨き、いかに相手を説得するかを学ばせることを重視する教育になっています。

時代は変わり、日本とヨーロッパは違うとは言っていられなくなりました。これからはますますグローバル化が進んで、文化の違う外国の人たちといっしょに仕事をしたり、隣近所でつきあったりしていくようになります。

家庭の中でも言葉が生き生きと行きかい、自分の主張をきちんと表現し、相手の主張もきちんと聞くことができるような家庭文化があれば、国語力だけでなく、グローバル社会においても才能を発揮しやすい大人に育ちます。

国語

最終目標は読書ができるように育てる

子どもが興味をもって読む本を親が用意する

子どもが読書好きになれば、中学生、高校生になっても、国語力はついていきます。

絵本をしっかり読んでやった子どもは、文字や文章に興味をもつようになります。ところが、小学生になると、子どもたちの日常には塾があり、習い事があり、宿題もあり、しかも友だちとも遊ばなくてはと忙しくなって、そうはすんなりと「本を読むことが好き」とはならないものです。

本を読むというのは、ある一定時間、読むという行為に集中しないと読めません。持続力や集中力、場合によっては忍耐力も必要ですから、それなりの読む練習を重ねていなければ、読書はできません。いきなり「読みなさい」と言ってもつづかないのです。

「本を読む」ことができるようにするためには、親が「この子だったらきっと興味をもって読む」という本を探してやったり、子どもが探すのを手伝ったりすることが、まず必要です。

学校の始業前や放課後、児童館などで読み聞かせ運動が行われています。こうした機会を通して読み聞かせをしてもらった本で、子どもが「おもしろかった」というものがあれば、それを借りてきて、家でいっしょに読むのもいいと思います。

親が読書すれば、子どもも読む

親が本を読んでいる姿を見せれば、子どもも「本っておもしろいものらしい」と思って、読むようになります。読み聞かせも、親子で「読書をする習慣」のきっかけになります。家庭文化の中で「本を読む」雰囲気をつくってください。

子どもが本を読んでいたら、「どんな本だったの？」とストーリーや感想を聞いたり、お母さんも同じ本を読んで、「そうそう、あそこはおもしろかったよね」と共感し合うことができれば、子どもも読書がいっそう楽しくなります。子どもが話す感想については、否定する意見を言わず、「あなたの感想っておもしろいね」と肯定してやることがたいせつです。

ときには親が読んだ本でやさしいものは、子どもにもすすめてみましょう。

漫画も読書力を養うきっかけになる

最近は「漫画でもいいから読んでほしい」という声も聞かれるほど、本を読まない子どもがふえているといいます。

漫画を読むことと文章を読むことは少し別の能力で、漫画独得の能力、漫画リテラシーともいえる能力が漫画には必要です。漫画好きで、中学・高校に進んでから読書好きになる子どももたくさんいます。

漫画には、たとえば、妖怪の世界を描いた『ゲゲゲの鬼太郎』のように漫画独特の表現の世界があります。また、漫画の情報提供力は大きく、これからはさらにいろいろなテーマが漫画で描かれていくことになるでしょうから、その可能性はかなり大きいといえます。

日本の漫画の水準は高く、世界一の漫画輸出国です。小説家にならずに漫画家になる人も多く、すぐれたストーリーをかく人も多いため、最近はドラマや映画でも漫画が原作のものがたくさん制作されているほどです。

ただし、漫画も千差万別です。子どもから漫画の感想を聞いてやり、お父さん、お母さんが子どものころに好きだった漫画の話をしてやってください。親子で漫画の話ができれば、いい漫画も選べるはずです。

国語

親子で言葉を使う場面をふやすことが国語力を伸ばす

作文力はていねいに文章を読んで批評することでつく

作文が子どもの国語力を伸ばすともいわれますが、ただ書かせていけば伸びるという単純なものではありません。

子どもが文章を書くときは、遠足の感想文を書くというように義務的なものが多いのですが、それではあまり文章力は伸びないでしょう。

なんでもかんでも作文を書かせるのではなく「よい文章とはなんだろう?」「今日はいっしょにこの文章を添削してみよう」というようなことをつづけていると、言葉の選び方や文章に対して自覚的になって、作文力や国語力が伸びやすくなります。

いっしょに本を読んで「こんなふうに書いてあるとわかりやすいね」「この文章を読むとこんな料理が食べたくなっちゃうね」と文章批評のようなこともやってみてください。

感想文や日記など義務的に「書かされ」ているだけでは文章力は伸びません。

百人一首や川柳作りも楽しむ

国語力はすべての勉強につながっていきますから、目の前の国語のテストで点数をとるというよりも、もっと広い視野で国語力をつけてやることです。

たとえば漢字の勉強にしても、高学年になったら「木へんの漢字をいくつ書けるか?」というゲームをしたり、漢字検定を親子で受けてみるなどして、楽しみながら覚えていくといいでしょう。漢字のなりたちなどを調べながら、いつの間にか漢字を覚えてしまう子どももいます。

子どもが言葉に興味をもつように、家族でカルタや百人一首をいっしょにしたり、川柳を作ったり、家庭新聞を作ってみたりするのもいいでしょう。

テレビ番組を見ているときにも、「なんであんなことをするんだろう?」「どうしてこういう事件が起きるんだろう」などと話します。そ

のときに、子どもの意見をじっくり聞くことが大事です。テレビの情報も聞き流していては言葉の練習になりません。ニュース番組を見て、そこで使われる言葉を会話の中で使ってみるのです。バラエティ番組を見ているだけでは、国語力を伸ばすことはむずかしいでしょう。

「9歳の壁」を乗り越えられるかは「会話」にかかっている

第1章にも書きましたが、小学校3～4年生ごろに「9歳の壁」といわれるものがあります。たとえば、「江戸時代」とか「生産高」のように実際に見たり、ふれたりすることができない抽象的なことがらをあらわす言葉が教科書に多く出てくるようになります。抽象的概念の理解が必要になってくるのです。この抽象的概念の理解がスムーズにできないと、それから先の学習がむずかしくなります。

ですから、親子の間で、「人口が減っているらしいよ」「人口って何？」「その地域に住んでいる人の数のことよ」というような会話の積み重ねが、子どもの学習を大いに助けていることを知っておいてください。

小学校低学年からさまざまなジャンルの本を読んだり、読み聞かせをしてもらったりして、抽象的な概念や抽象的な言葉になじんでいくことが、「9歳の壁」をすんなり乗り越えるためには重要です。

社会

自分のいる社会に関心をもつ動機づけをすることから始める

今の社会に興味がなければ社会科は好きになれない

社会科は小学生にあまり人気のない教科です。中学生にも不人気です。そのいちばんの理由は「社会への関心が弱くなってきた」からだと思います。どうして社会への関心が弱くなってきたのか、理由は社会の側にあります。

戦後、日本が貧しかったころは「自分たちの暮らしを豊かにしたい、そのために社会を変えたい」とみんなで懸命に考え、努力しました。豊かな社会を実現するためには産業や歴史のことをもっと知らなければなりません。だから、社会科に興味をもったのです。

ところが、80年代に入るころから日本は「豊かな社会」になり、親の願いは「子どもにおなかいっぱい食べさせてやること」から「食事を残さないで食べてちょうだい」に変化しました。生まれたときから豊かな時代に育つ子どもたちは、社会のことをなぜ学ばねばならないのか、動機が見えにくくなってしまっているのです。

問題意識をもちにくい社会になったのも原因

社会科が不人気になった2つめの理由は、地球環境問題など個人の力ではどうにもならないような大きな社会問題がふえていることです。多くの問題が、子どもたちが社会科を勉強してどうにかしようと思えるレベルではなくなってきたことにも、社会科離れの原因があります。

3つめの理由は、物事を大きな時間でとらえ

ようとしなくなったことです。今という時代は消費社会で、なんでも「買う」ことがあたりまえになりました。しかも、流通システムが発達したことなどにより、スーパーやデパートに行けば一年中トマトやきゅうりが手に入り、日本だけでなく世界中の生産物を買うことができます。

つまり、自分で作ったり工夫したりせずとも、なんでも買えばすむ社会になったのです。さらに、クレジットカードの普及もあって、給料日まで買うのをがまんすることが少なくなりました。大人でさえそうですから、子どももほしいものがあったら半年後のお正月まで待つ、誕生日まで待つ、という必要がなくなりました。「ほしいものはすぐに手に入れたい」「がまんできない」となって、大きな時間でものをとらえる必要がなくなってきたのです。

人間の時間の感覚がこの数十年で著しく変わったといわれますが、その背景に、こうした欲望―充足の構造の変化という問題があります。

そんな世の中ですから、子どもは「昔はどうだったんだろう」「これからどうしたらいいのだろう」という発想がしにくくなりました。そして、必然的に歴史にも政治経済にも今までのような興味をもたなくなったのです。

社会の原点にかえって動機を育てる

生活の中からわき上がってくるような社会科の学習動機がうまく育たなくなっていることに加え、社会科ぎらいに拍車をかけたのが受験です。歴史の年号や、果物の生産高はどこがいちばん多いかなど、暗記することが点数をとるために重要なことになっています。でも、社会への問題意識がないまま、暗記ばかりさせられる社会科を子どもたちが好きになるのはむずかしいことです。

自分が住んでいる社会のことを考える社会科は、とても大事な科目です、目先のプリント学習を繰り返すのではなく、社会科の原点に戻って考えたほうがよさそうです。

社会

「市民」として育てる教育をしよう

「社会科」とは違う「市民科」の発想が必要

社会科という科目について、原点に戻って考えてみましょう。

日本の教育には「市民」を育てる発想が弱いといわれます。それは戦後に「シビック・エデュケーション」という言葉を「市民科」ではなく「社会科」と訳し、歴史や地理といっしょにして、社会についての知識を学ぶ教科にしてしまったことにも原因があります。

市民科というのは、自分たちが属している社会のあり方を考え、調べたり、課題を見つけたりしながら市民として成長するための教科です。

なぜそれを「社会科」と訳したかというと、日本人には「市民」という概念がもともとなかったからでした。市民というのは、ひとつの共同体を自覚的に担う、人間のもつ政治的な側面のことをいいます。

たとえば国という共同体だったら、「その国をどういう国にするか」「そのためには自分たちは何を義務として負うべきか」「税金はどのくらい納めるべきか」「納めた税金をどう使うべきか」などについても議論し、自分なりの考えをもち、公共の善とは何かを明らかにしながら発言する、そうした人間の側面を「市民」というのです。

日本にはその伝統が弱く、ヨーロッパとその点は事情が異なります。日本は社会といっても「国の生産力が大きければ幸せになる」と考えがちですが、市民がつくる社会、国家という発想が強いヨーロッパ人は「そういう国家ができることによってひとりひとりの人間が幸せになるかどうか」ということも大事にします。

1986年にチェルノブイリ原子力発電所の爆発事故があったとき、イタリアの小麦も放射能に汚染されました。

それを受けて、イタリアでは原子力発電所を今後どうすべきかの議論が盛んになりました。その当時、「ニュースステーション」という報道番組でキャスターの小宮悦子さんがイタリアに取材に行きましたが、中学校の全クラスで原子力発電をどうすべきかを議論している様子が紹介されていました。それぞれのクラスの外に

は立て看板があり、「私たちのクラスではイタリアは年内に原子力発電所を全部なくすべきだという結論になった」などと、書いてあります。取材に行った小宮さんが中学生から「被爆国である日本に、なぜ原子力発電所がこんなにたくさんあるのか？」などと質問攻めにあっていました。子どもたちでさえ、一所懸命調べて議論して、どうしたらイタリアがもっとよい社会になるかを議論しているのです。

教育の最終目的は「市民」を育てることでもある

　このようにヨーロッパの教育は、明示的に宣言しているわけではありませんが、「市民」を育てることを基本的な前提にしています。日本の教育もそういう方向にぜひ切りかえていってほしいと思います。「市民」が育っていけば、政治のことは政治家にお願いする、そのために陳情に行く、というような利権の発生しやすい旧《ふる》い「政治」はなくなっていくでしょう。

　マスコミが発達して、税金の使い方などについてのこまかな情報が市民に伝わる時代になっています。それらを生かして、自分たちの納めた税金がどう使われるべきか、だれもが意見を発言できるようになる、そんな「社会科」に興味のある子どもに育ててほしいと切に思います。

社会

家庭には子どもを社会人として育てる役割がある

家庭は学校の補足をするだけのところではない

社会科の学力を伸ばすには、「社会の諸問題に興味をもたせることが大事であり、それはよい市民を育てることにもつながる」。こう言われても、一般論としてはわかるけれども、現実には少しでも年号や地名を覚えたほうが成績は上がるのではないか。そう考えたくなります。

確かに、年号や地名も必要な範囲で覚えることは大事です。しかし、あらゆる学力がそうであるように、知識の根っこや土台にその知識を知りたいという関心や興味、あるいは好奇心のようなものがその子になければ、その知識が生きて働くようなものには決してなりません。頭の中にいわば「間借り」しているだけで、ほかの知識といっしょになって動きだすということはあまり期待できないのです。

社会や歴史のことに興味をもたせるには、家庭の中での会話や家族での体験がたいせつな役割を果たします。テレビのニュースを見たあとに、親の仕事や給与について子どもにもわかるように話をしてみる。このようなことひとつでも、子どもは自分の家の経済問題への関心を広げます。それを通じて、政治や経済への関心が生まれていきます。

「フリー・ザ・チルドレン」という大きなNGOを作ったクレイグ・キールバーガーが、「世の中には自分と同じような年齢の子どもたちが学校にも行けず、労働を強いられたり、路上で生活したりしている」と知り、「なんとかしなくちゃいけない」と組織を立ち上げたのは、12歳のときでした。私たちは子どもたちを少し子ども扱いしすぎていないでしょうか。

「なんのために勉強をするのか」を考える

旧西ドイツから日本の学校へ研修に来た社会科の先生が、ある中学校で環境問題の授業を見学したとき、こんな感想を述べました。「日本はとても高いレベルの授業をやっていることがわかりました。でも、一つ理解できないのは、あれだけの授業を受けながら、次の日から生徒たちの行動が何も変わらないことです。ドイツでは環境に関する授業があったら、翌日から『私は空き缶を拾ったよ』『ぼくは缶ジュースは買わないことにした』など、行動がまちがいなく変わります。でも、日本の子どもたちには、そんな様子がない。どうしてなんでしょうか」と。

日本では「試験で高い点数をとること」が勉強の目的になりがちです。ドイツではおそらく「市民としてのシチズンシップを高めるために勉強をする」という原点があるので、授業の目的が知識の暗記ということにはなりにくいのでしょう。

子どもが社会科に関心をもつかは親の生きざまにかかっている

どんな問題を考えるときにも、親が「市民として私たちに何ができるだろうか」と考え、やれることをしているという生活態度があれば、子どももそれに影響を受けて「自分には何ができるだろう」と考えるものです。

環境問題に真剣になっている親の態度を示すことができれば、たとえばごみをきちんと分別するとか、良心的なもの作りをしている会社のものなら多少高くても買うとか、社会科にも興味をもつようになります。

社会科は市民科です。市民としての私たちの生活ぶりが子どもたちの市民モデルとなり、子どもが社会科を好きになるかにも影響しているのです。

社会

学習動機を育てる「社会科的体験」をする

買い物や料理から、地理も歴史も見えてくる

子どもが社会に関心をもつための具体的な方法として、身近な「食」から入るという手があります。

簡単なところでは、いっしょに買い物に行きます。野菜売り場で「このいちごの生産地は栃木県だね」「ぶどうは山梨県だ」「ねぎは深谷市だって。何県か知ってる？」というような話をさりげなくしながら買い物をします。

農協や野菜の直売所へ行って、地元でとれる旬の野菜を見たり、スーパーの野菜と食べくらべたりしてみるのもいいでしょう。「旬の野菜はおいしくて安い」ということがわかったり、「旬の野菜が手に入りにくくなったのはなぜだろう」という疑問がわいてきたりします。

料理をすれば、日本料理、中国料理、西洋料理などがあり、調味料が切れたときなど「昔は砂糖やしょうゆがあったのかな。昔はどんなふうに味つけをしたのかなあ」などということに興味をもつ子も出てくるでしょう。

食べることは毎日のことですから、親もいろいろと知識を仕入れて、食から社会へと子ども

の関心を広げてやります。

野菜作りで日本の農業や食糧自給率に関心をもたせる

野菜作りからも社会が見えてきます。

ベランダでささやかに野菜を作っていると、「スーパーで売っている野菜と、自分たちで作った野菜は違う」ということがわかります。「うちで作った野菜は、収穫するとすぐにしなびてしまうけれど、スーパーの野菜は1週間たってもピンとしているのはなぜか」「野菜を作っていると虫がつくけれど、農家ではどうしているんだろう？」などと関心をもつものです。

また、野菜作りから日本の農業についても、親子でぜひ考えるようにしてほしいものです。

日本の食糧自給率は約40％です。私は日本のすべての家庭が、自分の食べる野菜はできるだけ自分たちで作るようにしたらいいと思っています。日本の人口はこれから減少する一方で、一人あたりが住める面積もふえ、畑で野菜くらいは作れるようになります。だったら、都市と田舎の両方に拠点があるようにすればいいのです。

スウェーデンのストックホルム市は、郊外にストックホルム市より大きな面積の土地をもっていて、別荘地として開発し、市民は収入に関係なく田舎生活ができるように提供しています。ドイツでも家庭菜園があたりまえになりつつあります。

これから日本はもっと農業をたいせつにしなければならなくなってくるでしょうから、そういう長期的な展望について親子で会話しながら、いっしょに野菜を作れるといいですね。

生きている実感が社会への関心になる

生活の中に手作りの世界が減少していくと、子どもたちの心身には「生きている」という実感がどうしても薄くなっていきます。場合によっては「生かされている」という感覚のほうが強くなることもあるでしょう。それでは自尊感情は高まりません。

そんな子どもたちも、野菜を育てたり料理を作ったりする体験によって、「生きている」という実感を得ることができるはずです。実感があれば、次々に関心が広がっていきます。

子どもを「消費するだけの人」にしてしまっては、社会に関心をもたせることはできません。ここで取り上げた「食」にこだわるということはひとつの例にすぎず、社会や文化に少しでも参画する「社会科学的体験」を大事にして、子どもが今の社会に対する問題意識や関心をもつようにいろいろ考えてやってほしいのです。

社会

地理と歴史の学習は地図やテレビ、漫画も活用する

地理に興味をもたせるには実際に行ってみること

地理は、実際にその場所へ行ってみることが、興味をもついちばんの近道でしょう。できたら「夕張メロンのおいしいところへ行ってみよう」「さくらんぼを食べに山形へ行こう」「山梨へぶどう狩りに行こう」と目標をもって出かけられるといいですね。

そうすれば、学校で地理の勉強をしたときに実感をもって理解できますし、それをきっかけに、「この県はこんなにいちごを作っているのに、隣の県はどうして作っていないんだろう？」「産地によっていちごの名前が違うけど、品種の違いなのかな？」「ピーナッツって、土の中にできるんだ」と関心をもつ子が出てくるかもしれません。そうして知的な関心をもつことが、学校の勉強や学力に反映してくるのです。

地名が出てきたら地図で場所を確認する習慣を

日本地図や世界地図をリビングの壁にはっておいて、ニュースなどで地名が出てきたら、「こんなに遠いんだね」「こんなに北のほうにあるんだね」と確認してみる。あるいは旅行に出かけたあとに、「この間たけのこを掘ったのはここだよ」などと地図をいっしょに見ることも、地理の学習に関心をもつきっかけになります。できれば地球儀をそばにおいておき、おりにふれて場所を確認するといいですね。

地理でも歴史でも、親がときどきは教科書を見て、子どもが学習している内容に関連したことを家庭でやってみるのも手です。そうすると「ああ、知っている」とか「こういうことだったんだ」と体験と知識がつながり、それがうれしくて学習意欲がわくものです。

住んでいる町を歩くのもいいでしょう。町を観察しながら歩いてみると、意外な発見がたくさんあるものです。できたら昔の地図を持ち歩き、今の地図とくらべてみるのもおもしろいですね。

歴史はテレビ番組を活用する

歴史は、よく調べてみると興味深い歴史のドキュメンタリー番組がテレビでたくさん放送さ

れていて、学校の勉強に関連するテーマもたくさん取り上げられています。

歴史を映像で見ると子どもにもわかりやすく、学校の勉強の助けにもなります。

週末に家族で出かけるときは、歴史的な遺物があるところや、学校の勉強に関連のあるところを訪ねてみるのもおすすめです。親が「ここはこんな歴史的な事件があったところなのね」と感慨深くしている様子を見ると、子どもの印象に強く残り、のちに授業で学ぶときに興味をもつきっかけになるはずです。

歴史漫画も勉強に役立つ

歴史上のでき事を描いた漫画も活用できます。日本には、『ベルサイユのばら』（池田理代子作）などすぐれた歴史漫画がたくさんあります。漫画でわかりやすく解説してある『日本の歴史人物事典』（小学館）などで歴史に興味をもたせるのもいいでしょう。

また、近年の科学の発達によって、古代人の生活がより詳細にわかるようになって、新たな発見も出てきています。たとえば、縄文人と弥生人では血液型の分布がずいぶん違っていること、骨の分析によって5000年前にすでに複雑な料理をしていたことなどがわかってきています。こうした新たな発見も話題にして、親子で歴史を楽しんでください。

理科

工夫することや理科のおもしろさを日常生活で実感させる

小学生のうちに理科好きの子どもに育てる

理科も社会科と同じように、興味や関心をもてば伸びていく科目です。

プリント学習で星座の名前を無理やり覚えたとしても、それは目の前のテストの点数が1回アップするだけ。そうではなくて、小学生のうちに「理科的体験の好きな子ども」に育てることが、理科の力を伸ばす最良の方法です。

学校の授業で理科に興味をもってくれればいいのですが、先生がみんな理科好きで、楽しい理科の授業をしてくれるとは限りません。やはり家庭で、子どもが理科に興味をもてるように応援していくことが必要です。

ハイテクになって、理科のおもしろさが実感できない

最近は理科の苦手な子どもがふえています。最大の理由は、工夫して日常生活を送る必要がなくなってきて、理科のおもしろさが実感として味わえないからでしょう。

たとえば、私の子どものころには家に井戸がありました。ポンプのレバーを押して水をくみ上げるのですが、どうして地下の水がくみ上げられるのか、不思議でしかたありませんでした。それでポンプの中をのぞいたり、ポンプを分解して、水がくみ上げられるメカニズムを理解しようとしてみたりしました。小学生の子どもでも調べてみたいという気になるレベルのメカニズムだったわけです。

テレビが初めて登場したとき、子どもたちはその後ろに回って「人間がいるのかな」なんて探っていました。

今は冷房のリモコンをピッと押すと涼しい風が出てきますが、冷房の後ろでだれかがうちわであおいでいるのかななんて考える子どもはいないでしょう。冷房にしても電子レンジにしてもパソコンにしてもしくみが複雑すぎて、子どもが「どうして動くのだろう?」と疑うレベルを超えています。まさにブラックボックスです。

それに、あれこれ工夫をすることで生活が改善されるという体験もほとんどなくなりました。ふすまのすべりが悪いので敷居にロウを塗る、七輪で火をおこすときに古い炭をうまく使う、こういう工夫と努力を日ごろしていると、理科への興味がわくのですが、それも今はありません。

遊ぶ時間が惜しくて作った水位ブザー

人間は常に「もっと楽にならないか」と考えて発明や、工夫をしてきました。

私が小学生のころ、お風呂に水を張る手伝いをしていたのですが、水を止め忘れてジャンジャンあふれさせ、よく叱られました。でも、水を入れる間じゅう、湯ぶねのそばにいて遊べないのがいやだったので、３年生のとき、水位が上がってきたらスイッチがカチッと入ってピーッと音が鳴るような簡単な装置を考えて作りました。

また、夏になると学校があまりにも暑いので、板と缶詰の缶と、モーターだけをそろえて、卓上の扇風機を作ったこともあります。缶詰の缶で羽根を作るところから全部手作りです。今だったら、ネット通販で卓上の扇風機を探すのでしょうが、そんなものはなかったので自分でなんとか工夫するしかなかったのです。

そうやって「もうちょっと便利なものはないか」「楽なものはないか」と考えるところから、理科の世界に関心が広がりました。今のように、便利になるために工夫するのではなく、便利なものを「探す」時代には、理科に関心をもちにくくなるのもしかたないことなのかもしれません。

理科

親もいっしょにおもしろがれば、理科も楽しくなる

理科が得意ではなくても興味はもたせられる

「理科は得意じゃないから教えられない」というお母さんが多いのではないでしょうか。

お母さんが理科が得意でないのは、男女の脳の違いというより、「女の子は理科なんて勉強しなくてもいい」という雰囲気が社会に漠然と残っているからだと思います。

男の子が虫に興味をもったとしたら、もっと興味が深められるように親は図鑑を与えたりするものですが、女の子だったら図鑑どころか、「そんなことはいいから、違うことに興味をもちなさい」と言われるのがオチでしょう。女の子だって近所の池でとってきたザリガニを飼育してみたいとか、月の満ち欠けに興味をもって天体望遠鏡がほしいとか思っているのに、そんなふうに励ましてもらえることはめったにありません。

でも、ほんとうは自然現象の不思議さに興味をもたない人はいません。料理だって形を変えた自然加工で、自然科学そのものです。ぜひ、今の社会なりの「不思議大好き！」な子どもを育てていってほしいと思います。

手作りする部分を多くすることから始める

パソコン、電子レンジ、エアコンなどしくみが複雑で、子どもたちの理解を超えるものに囲まれた生活をするようになっても、よく見れば世の中には子どもたちの探究心をそそるようなことはたくさんあります。身の回りで「どうしてなんだろう」「もっといい方法はないかな」と考えられるようなことがたくさんあれば、子どもたちの理科的な関心が耕されます。それをじょうずに見つけて、子どもを刺激してやるのが、親の賢さというものです。

そのために努力してほしいのは、生活の中で手作りする部分をふやすことです。手作りの部分があれば、子どもたちはよりよく工夫する機会が多くなり、それが理科の関心につながっていくわけです。

たとえば、冷蔵庫の整理を子どもといっしょにしてみます。すると、使わずに腐らせてしまったものや賞味期限がとっくに過ぎたものがたくさん出てくるでしょう。どうすればこの無駄をなくせるか、子どもと議論するのです。プランターで野菜を栽培してみれば、肥料をたくさ

んやりさえすれば野菜が大きく育つわけではないこともわかります。料理は新しい発見だらけなので、楽しくやれば子どもたちは大好きになるはずです。

親も勉強するゆとりをもつ

そのときにたいせつなのは、親がいっしょにおもしろがることです。たとえば、料理に使った残りの大根のへたを水に浸しておくと、新しい葉が出てきますが、「これを土に植えたら根っこが出てくるのかな」「もし出てきたら、大根を1本買っただけで、これからずっと食べられるね」「どのくらい水をやればいいんだろう？」「冬でもできるのかな？」「にんじんではどうかな？」と、親がおもしろがれば、理科の世界はどんどん広がっていきます。

このようなことは、親に時間と心のゆとりがないとできないかもしれません。また、親もある程度は勉強が必要になります。でも、それは親にとっても息抜きの楽しい時間のはずです。自分が小学生のころには買ってもらえなかった天体望遠鏡や顕微鏡も、今なら買えます。そうやって自分の興味に子どもを巻き込んでしまってもいいのです。

理科は、小学生のうちに子どもの興味を育てれば、中学・高校になってからもある程度は自分から勉強していくことができる教科です。

理科に対する関心をもたせる方法は2つある

いっしょにじっくり観察しよう

理科の学習で大事なことが2つあります。

1つは、観察することです。すべての科学は観察から始まります。『ファーブル昆虫記』も、書いてあることは最初から最後まで観察です。

観察は簡単に見えますが、実は深いのです。「あれ?」とか「どうして?」ということがないと、見れども見えずになります。そこで、初めは親の協力が必要になります。季節によって変わっていく雲の観察、月の満ち欠けの観察、夜の星座の観察。そして、近くの公園へ行けばオタマジャクシがカエルになっていく観察や、サナギがチョウになっていく観察。図鑑を見ながら花の名前を調べることだって、親といっしょにやれば子どもも楽しくなります。

このような観察に簡単な実験を加えてみると、もっと興味は広がります。たとえば、太陽の光を虫眼鏡で集めると黒い紙などが燃えますが、「どのくらいのものが燃えるんだろう?」「燃えやすいのはどんなものだろう?」と調べてみると、太陽や熱に興味をもち始め、理科が好きになる子が出てきます。大きくてこわれないシャボン玉はどうしたら作れるか——親子であれこれ実験してみてください。

自分で食べる野菜を作ることから理科好きに

理科に関心をもたせるもう1つの方法は、作ることです。

これは社会科でもすすめましたが、まずは野菜作りです。日本の食糧自給率は4割前後ですから、もし世界的な異常気象に見舞われて農作物が不作になったら、最初に食糧不足になります。ですから、できるだけ早く、自分たちの食べるものは自分たちで作るというように切りかえていかなくてはなりません。

そのような社会的背景もあり、理科の勉強にも非常にプラスになるわけですから、ぜひ野菜作りを試みてみましょう。

ベランダのプランターでもいいので、ねぎはお父さん、トマトはお母さん、なすはゆみこちゃん、などと担当を決めて作るのもいいでしょう。「ゆみこちゃんの作ったなすは、スーパーの野菜よりおいしいよ」とおだてながら、「来年はもっと大きななす作りを目ざしてみようね」などと励まします。「ビニールハウスにしてみたら、冬も作れるかもしれないね」と知恵を働かせるのも、理科の学習に役立つのです。

料理は理科への間口の広い入り口

料理は理科の教材としてもおすすめです。

そのうち、いつか子どもといっしょにやろう、ではなく、土曜日の夜は必ず家族で料理を作るとか、日曜日の昼は子どもが中心になって料理を作るとか、きちんと役割を与え、まかせることがたいせつです。そのときに「炒め物は強火と弱火のどちらがおいしいか、2とおり作ってみよう」「カロリー計算をしたら油のとりすぎだから、調理法を変えてみよう」「しょっつるとニョクマムとナンプラーは味がどう違うんだろう?」「なぜタイ料理は辛いんだろう?」と、少しずつ子どもの好奇心をくすぐり、ときには親子で、たとえばピクルス作りなどにチャレンジしてほしいですね。

料理は間口が広く、栄養学から食品添加物などに関心がいったり、農薬や食糧自給率から環境問題に関心が広がるかもしれません、世界のいろいろな国の料理と気候の関係に興味をもつかもしれません。本場のベトナム料理を食べに行こうと連れて行くのもいいでしょう。料理はその国の文化を知るのにとてもいいのです。

英語

「正しい英語」にこだわって英語ぎらいにしない

英語はまちがいなく必要になってきた

「どうすれば英語が得意な子になるか」と考えているお母さんはたくさんいるでしょう。

英語については、ぜひ知っておいてもらいたいことがあります。

英語は今、まちがいなく必要な時代になって

きました。アジア諸国はなるべく早い時期に、EUやアメリカの経済圏に対抗して、アジア経済圏を作ろうとしています。日本はこれから人口が減ることもあって、アジアの国々との連帯が今まで以上に必要になるでしょう。そして、アジア諸国はどんどんつながっていくのですが、やがて共通語が必要になります。それが英語になるといわれています。

中国やベトナムや韓国ではすでに熱心な英語教育が始まっています。台湾では幼いころから英語教育に熱心になるあまり、中国語が中途半端になると、幼稚園での英語教育をやめるよう要請が出たほどです。

日本は今まで経済大国で人口も多かったため、日本語だけで仕事ができました。英語を使えなくても困りませんでしたから、英語を学ぶ動機があまりなかったのです。しかし、今の子どもたちが成長して30代、40代になったときには、英語ができないと国際化時代に対応できなくなることはまちがいありません。

ジャパリッシュができればいい

英語の勉強に必要なのは、実はまず日本語です。日本語のコミュニケーション力が英語でのコミュニケーション力の基礎になるからです。

それぞれの母国語があって、共通言語として英語を使うのですから、ネイティブのような英語にこだわることはありません。いわゆる「アジア英語」と呼ばれている「ネイティブではない人が使う英語」を、日常会話ができる程度に身につければいいのです。発音も、英語を専門とする仕事につくのでなければ、ネイティブの発音ができる必要はありません。日本人の英語、ジャパリッシュができればいいのです。

英語は必要になったときに身につく

語学は必要だと思って真剣になれば、何歳になってからでも習得できます。その反対に、週に3日英会話教室に通ったとしても、その時間以外に英語を必要としなければ身につきません。

日本人にはまちがえることを恥ずかしいと感じる気持ちが強く、学校でも「正しい」会話表現ばかりを要求するために、「正しくしゃべれないから」と思って英語を遠ざける人が多いといわれています。英語教育によって、英語ぎらいをつくり出しているといわれているのです。

でも、日本人なのですから、英語は片言でもいいのです。片言がだんだん洗練されていけばいいのです。初めて日本にやってきた外国人の日本語がへたでも、私たちは眉をひそめたりはしないでしょう。日本人はジャパリッシュで大丈夫なんだというふうに、学校も親も英語に対する取り組みを切りかえていけば、子どもの中に英語がうまく入っていくはずです。

英語

英語を学びたいという気持ちを育てる

英語を話せると楽しい！という経験をする

中学生になって、子どもの英語力が伸びていくために必要なのは、英語を話せるようになりたいという気持ちです。

英語が話せるようになると、役に立って楽しいといった英語を学ぶ動機を子どもの中に育ててやります。英語を話す機会をふやし、「英語を話せるとかっこいい」「英語を使えると楽しそう」と思える機会をつくってやるのです。

好奇心と自己主張できることが英語力につながる

英語を片言でも話せると、世界のかなりの人と話すことができますし、海外旅行にも気軽に行けるようになります。さらに、いろいろな人と話してみたい、いろいろなものを見てみたいという異文化に対する好奇心が、英語の力を伸ばします。そのために、多少の発音や文法のまちがいなどにはひるまず、自分の言いたいことをはっきり言える人に育てることが大事です。話したい気持ちがなければ、単語や文法を知っていても話せません。ですから、小学生の間に育てておきたいのは、「日本語能力を高めて言葉できちんと思考ができること」と「いろいろな人とコミュニケーションしたいと思う気持ち」の2つともいえます。これ自体がたいせつな英語（外国語）教育の内容になるのです。

親も英語に関心をもつ

「お母さんは学校ではあまり英語を勉強しなかったけれど、やっぱり英語が話せるようになりたいから勉強することにしたの」と、親がテレビの英会話番組などで一所懸命に勉強している姿は、子どもにとって刺激になります。

できたらシーズンオフなど旅行代金が格安な時期をねらって家族で海外に行き、英語の体験をさせてやってほしいですね。親が英語が不得意なら、家族で英語のフレーズをいくつか覚えて使ってみる。それで意思が伝われば、「英語って便利だな」「楽しいな」と子どもも感じるでしょう。そうやって英語の勉強の動機づけをしておくと、中学校で英語の学習が本格的に始まったときに、やる気がわいてくるものです。

第3章

学力を伸ばし、生きる力を育てる生活習慣

家庭だからこそできることはたくさんある

家庭は学校の勉強を補習するだけの場所ではありません。
学校とは違った子どもの伸ばし方があります。
目先の点数にとらわれず、
中学、高校と進むにつれて学力が花開き
幸せな人生を生きる力を身につけさせましょう。

家庭で勉強させるときに知っておきたいこと

宿題で机に向かう習慣をつける

最近は学力低下が問題になっていることもあって、多くの学校が宿題を出すようになっています。まずは、出された宿題に子どもがとり組む様子を見守り、励ますのが親の仕事です。

特に、入学したての1年生は、机に向かって勉強することに慣れていません。宿題にとり組むことを通して、家庭で机に向かって勉強をする習慣をつけさせましょう。

ただし、1年生になったからと子ども部屋を与え、そこで勉強しなさいと言うと、子どもは「勉強をさせられている」としか感じません。

勉強はおもしろがってやらないとつづきませんし、やらされていると思ってやってもほんとうの学力にはなりません。

宿題は、お母さんが夕食の支度をしている時間ならダイニングテーブルでやらせましょう。家計簿をつけたり調べ物をしている隣で、子どもが宿題をするのもいいですね。1年生の宿題や復習は、せいぜい10分程度ですむものですから、つきあってやってください。

1〜2年生のうちは、子どもが宿題にとり組みやすくなるような雰囲気づくりがたいせつです。「宿題をきちんとやることはあたりまえ」という生活習慣をまずつけさせましょう。

勉強時間は子どもと相談して決める

宿題をする時間帯はいつでもいいと思います。ただし、学校から帰ってきて、「今日は○○ちゃんと遊ぶ約束をしたよ」と心はずませている子どもに「遊びに行く前に宿題をすませなさい」

ときびしく要求するのは少し酷でしょう。「遊びから帰ってきたら、ごはんの前に必ず宿題をするのよ」と約束させます。夕食後は家族だんらんの時間にあてたいということなら、「宿題は夕食前にすませる」ということだけ決めておけば、子どもも自由時間を確保しやすいでしょう。勉強をする時間は、子どもと相談して決めるようにします。

勉強時間をやたらと長くしない

宿題以外の勉強もときどき見るように心がけましょう。国語では教科書がきちんと読めているか、算数なら計算問題が理解できているか、さりげなく確認します。九九の学習が始まったら、必ず家で練習させてください。

大事なことは、まちがえても強く叱らないこと。まちがえたことで叱られたり、勉強時間が長くなったりするようでは、多くの子は勉強する意欲がしだいに失せていきます。「ちゃんと勉強しているのに叱られる」と感じると、勉強がしだいにきらいになります。それに、「まちがえたら叱られる」と思ったら、勉強に緊張感がともなって、余計につまらなくなってしまいます。

親はへたな家庭教師になってはいけない

高学年になると学習内容の難易度が上がり、親は子どもが理解するように教えることがむずかしくなります。

しかも、一所懸命に教えても、子どもに「わからない」と言われると「どうしてわからないの？」と子どもを責めがちです。そうなると、子どもは自信をなくしていくだけです。

親はへたな家庭教師にならない。これが原則です。学校の勉強の手伝いはしてほしいのですが、叱られつづければ、子どもは親に見てもらうのがいやになります。親子関係も悪くなります。うまく教えられないときは、学習の専門家である塾に頼ったほうがいい場合もあるのです（塾については71ページ参照）。

テストでまちがえたところは時間をかけて見直す

「だめな子ね」と言うともっと成績は下がる

採点された答案は、子どもが授業をどのくらい理解しているかを知る目安ですから、ひとと おりはチェックするようにしてください。

ただし、あまりよくない点数のとき、頭ごなしに「どうしてこんな点数」などと言ってしまうと、成績はさらに下がります。

子どもは、どこがわからないかがわからないのです。わかっていれば点数はとれるのですから、叱られても困るだけです。「おまえはだめだ」と言われつづけることで、子どもは自分のことを勉強のあまりできない子だと思い込んでいきます。

80点ならひとまず安心してよい

問題にもよりますが、テストで8割の点数がとれていたら、まずは大丈夫なのです。ケアレスミスや回答欄を書きまちがえたことなどは、注意すればよいことで、叱る必要もありません。

親は、答案のまちがえたところばかりを見てしまいがちです。でも、○がついたところもちゃんと見て、「こんなことまでわかっているんだ」と認めてやってください。

80点がひとつの目安ということは、50点、60点のときは、ていねいに見てやる必要がある、ということです。わからないことが半分あるということは、授業についていけなかったり、授業の内容がその場ではわかっていない可能性があるからです。

そんなときは、親の知恵の見せどころです。答案をじっくり見て、「このあたりがわかっていないんだな」「まちがえて覚えてしまっているんだな」というところを発見してやります。「ここがわかっていないのは、この前のところがあやふやだから」とか「筆算のここでいつもまちがえる」など、理解不十分ポイントを見つけてください。そして、「もう一度、ここをちゃんとやっておこうよ」と親が問題を作ったり、

教科書の少し前の単元に戻って復習させたりします。まちがえたポイントが大事なところで、そこが理解できていないとこれからどんどんわからなくなると予想されるようなら、ていねいに時間をかけて見てやります。

わからないところを短時間で教えることはできない

子どもにわからないところを教えようとしても、親はそんなにじょうずに教えられるわけではありません。親が教えたつもりになっていても、子どもはわからないことが多いのです。「あ、そうか」というひらめきがない限り、子どもは同じまちがいを何回も繰り返します。

「お母さんが説明してあげたんだから、わかるはず」と言われ、まちがえると怒られる、ということを繰り返すと、子どもは「お母さんに教えてもらうと、最後は爆発して怒りだす」と見抜き、「お母さん、教えて」とは言わなくなります。

勉強でつまずいている子どもは「今はけがをしているのだ」と思って、ていねいに扱ってあげてください。けがをしている子どもの背中を「しっかりしなさい」とバーンとたたいたら、子どもは痛いだけです。

勉強のつまずきは、短時間で説明してすぐに理解できると思わず、時間をかけてていねいに教えることを心がけてほしいものです。

抽象の世界を理解する「9歳の壁」を乗り越える

思考への大きなジャンプを求められる時期

小学生の学習の中で、最大の難関といわれているのが「9歳の壁」です。

3～4年生になると、教科書や授業で抽象的な言葉がたくさん出てきます。たとえば、「江戸時代には腰に刀をさした武士がいて」といっても、「江戸時代」を見せたりさわらせたりして、「これが江戸時代だよ」と教えることはできません。実際に見たりさわったりできるものの名前は比較的楽に理解できますから、「お父さん」「お母さん」はわかりますが、「親」という言葉になるとわかりづらくなります。「美しい」という言葉はなんとなくわかっても「美しさとは?」「美しさが増すとは?」ということになると、理解するには相当の能力がいります。

抽象の世界というのは、言葉だけで作った世界です。ものと言葉が直接に対応しているのではなく、ものから抽出した概念です。

抽象的な言葉が理解できるようになり、学習の次のステップに行けるのか、それともそこにとどまってしまうのか。その間に立ちはだかるのが9歳の壁です。

抽象の世界を理解することは一生を決める飛躍

「9歳の壁」を乗り越えることができないと、次の学習に進めず、1～2年生の知性のレベルから先に進みにくくなります。具体的な世界での経験だけはふえますが、思考の世界を複雑にしていったり、深めたりすることができなくて、いわばもので対応できる世界の会話しかできません。

この抽象的な世界を理解する、というハードルを乗り越えないと、その後の学習がうまく発展していかないことを踏まえて、「9歳の壁」と呼んでいます。

この抽象の世界に入る大きな飛躍が、一生を決めるほどの飛躍だとは、ほとんどの人は感じていないでしょう。でも、この「9歳の壁」を乗り越えられるかどうかがその人の一生の知的な力に影響を与えることは否定できないのです。子どもたちに抽象の世界を理解させるということが、おそらく小学校教育の中でいちばん大きな課題ともいえます。

子どもは乗り越える力を潜在的にもっている

子どもたちはふだんの会話の中で少しずつ、想像力を働かせながら抽象的な言葉を理解しています。

たとえば、テレビを見ているときに、「旧石器時代には」という言葉が出てきて、「旧石器時代って何？」と聞かれたら、「人間が石器を使って生活していたころだよ」という会話があると、子どもは「こういう意味なんじゃないかな」と抽象の世界を推測しやすくなります。

もともと人間には、抽象的なことを理解する潜在的能力が、そなわっています。たとえば、三角形といっても、二等辺三角形や直角三角形、正三角形などいろいろありますが、それらをまとめて三角形という概念で把握しています。すなわち、抽象しているわけです。犬といってもいろいろな犬がいますが、犬という言葉で抽象化して使っています。

言葉というのは、どんな言葉でも抽象的な側面があり、実際の具体物と言葉の間にはどんな言葉でも距離があって、ほとんどの言葉は抽象化されていることが、子どもにもわかってくるものなのです。

日常会話が豊かであれば壁は越えられる

抽象的な言葉を理解するためのバックグラウンドとして、家庭でのふだんの会話が豊かであることがたいせつです。たとえば、子どもが体験したことをだれかに話して伝えたいとなると、自然と抽象的な言葉が必要になってきます。抽象的な言葉を少しずつ使うことで、抽象の世界が徐々に理解できてくるものなのです。

親も「この景色はどこが美しいんだろうね」「どうして味が違うんだろうね」というように、具体的なものや場面をベースにして抽象的な言葉を意識的に使うようにするといいですね。

9歳の壁については、難なく乗り越えてしまう子どもと、乗り越えにくい子どもがいます。子どもが抽象の世界を理解しているかどうかについては、親も教師もわかりづらいところなのですが、たとえば塾へ行かせてもいまひとつ成績が伸びないというときは、このあたりがあやふやになっていることが多くあります。そんなときは、家庭でていねいに会話することがいちばんです。

お母さん、お父さんは「9歳の壁」というものがあり、「体験の豊かさと日常会話のていねいさで乗り越えられる」ということを、頭のすみにおいてください。

大人と同じような思考に入る手前に「11歳の壁」もある

たとえば「AくんはBくんより背が高い。CくんはBくんより背が低い。背が高い順に並べなさい」という問題に対して、小学生は実際に頭の中で3人を思い浮かべて順番に並べます。

しかし、「AくんはBくんより明るい色の服を着ている。CくんはBくんより暗い色の服を着ている。明るい色の服を着ている順に並べなさい」という問題では、具体的なイメージで並べにくくなります。大人ならこの問題は、「A＞B＞C」という不等号記号などで整理して考えるでしょう。

このように、半具象的なものを記号におきかえるということは、小学校後半から中学生の時期にかけての学習過程での大事なテーマです。こうした考え方ができるようになると、いよいよ大人と同じような思考の世界に入っていくわけです。ここがいわば「11歳の壁」になります。

「11歳の壁」は、抽象的な思考が今まで以上にできなければ乗り越えられません。ここも「9歳の壁」と同じように、日常会話の中でいろいろな言葉、特に抽象性の高い言葉を使って話をさせることがたいせつです。

親だけで教えようとしない。塾に頼ることも一つの選択肢

教えるのがむずかしくなったら専門家を探す

中〜高学年になって学習内容がむずかしくなると、親が子どもにうまく説明できないことがふえてきます。うまく説明できていないのに、「どうしてわからないの?」と叱るようなことを繰り返すと、子どもはどんどん勉強ぎらいになっていきます。

授業内容を理解していないときは、本来なら学校の先生に「もう少していねいに教えてやってほしい」と言えればいいのですが、１クラスの人数が多い現状では、先生も個別の対応はむずかしいかもしれません。そんなときは、塾に頼ることを考えてもいいと思います。

できないままにしておくと中学・高校で苦労する

たとえば、算数の「割合」が十分に理解できていない、文章題で掛け算をするのか割り算をするのかがわからない、こうしたまま中学生になると、数学が苦手になってしまいます。数学は、具体的なことと抽象的なことを頭の中で自在に往復させて理解しないとよくわからなくなります。そのためにこそ、第1章であげた10のポイントが大事になるのです。

算数を親がじょうずに教えるのは、むずかしいことです。高学年になって急にお父さんが「おれが家庭教師だ。教えてやる」と言っても、そう簡単に教えられるものではありません。

中学受験を考えていないのであれば、進学塾ではなく、親身になって個人指導をしてくれる補習塾をさがし、将来のための投資だと思って行かせることを考えてもいいでしょう。

塾まかせにせず、家庭でのフォローも忘れずに

高学年になると、どの教科もほんとうにむずかしくなります。塾に行かせたとしても、すべてが安心というわけにはいきません。

子どもの勉強に不安を感じたら、夫婦で相談して、「もう少し家庭で知的な会話をするような時間をふやそう」「家族で漢字コンクールをやろう」「テレビも歴史や理科に関係するような番組を選ぼう」というように、つねに子どもの知的世界を刺激することを考えてください。

小学校6年間で心も体も変化し、大人に近づく

社会性や思考するときの頭の使い方の能力が伸びる

　赤ちゃん・乳児期・幼児期の6年間は、歩けなかった子どもが歩けるようになったり、言葉を覚えるようになったり、著しい成長をします。中学生になると体も大人に近くなり、性的な欲求や関心が強くなって、妊娠したり、させたりする体に変わり、人生の疾風怒濤の時代に入っていくようになります。

　それにくらべると、小学生時代は変化があまりなく、平和な時代のように見えます。

　しかし、そうでもないのです。親との関係の築き方、自我の育ち、自立心や自主性、社会性、思考するときの頭の使い方などが著しく伸びていきます。心の中を顕微鏡でのぞくようにこまかく見ていけば、かなり大きな質的変化を体験していることがよくわかります。

体をバランスよく使い運動能力を伸ばす

　子どもの体は、小学生の間に大人のそれへと変わり始めます。身長は、成人になったときの9割ぐらいまでに達します。女子の初潮の平均年齢が12歳。昔より2年は早くなっていますから、体はほぼ大人の基礎のようなところまできています。そんなたいせつな時期なので、体についての知識を学び、バランスよく発達させてほしいものです。

　スポーツ科学では、この時期は将来使うことになるいろいろな筋肉を柔軟に発達させる時期、といわれています。

　サッカー選手や野球選手を目ざす

としても、小学生時代に特定の筋肉を発達させただけでは、一流の選手にはなれないといいます。日常的にほかのスポーツもやって、体のさまざまな機能をいろいろな形で使わせることがたいせつなのです。大相撲の横綱になった千代の富士や朝青龍も、小学生のころはいろいろなスポーツをしていました。

今の日本は確かに豊かになりましたが、そうなればなるほど、子どもたちがもっている潜在的な体の能力は育ちにくくなります。でも、体格は大人に近づくわけですから、それを支えるだけの筋肉や自律神経などをじょうずに育てることは必要です。体を目いっぱい使った遊びが豊かであることは、この時期にはとてもたいせつなのです。

また、体が動かすことを求める時期ですから、体を思いっきり動かす環境をつくり、エネルギーを発散させてやることも必要です。

低学年は幼児期の完成期、中学年はバラ色の時期

小学生時代には、心も急激に発達していきます。

低学年は幼児期の完成期で、子どもにすべて責任を負わせたり、なんでも自分たちでやりなさいと突き放すよりは、庇護しながら少しずつていねいに委ねていく時期です。

中学年になると、なんでも自分たちでやっていきたいという自治的な行動に関心が出てきます。学校の掃除にしても、先生に言われてではなく、みんなでルールを決め、係を決めて「いっせいにやろうぜ」ということができる時期に入ります。放課後の生活も少しずつ広がり、校区内でも知らないところへ行きたがったり、群れをなして遊んだりすることがおもしろくてしかたなくなります。そして、その詳細について親には話さなくなります。

親や先生の行動基準ではなく、「おもしろいからやろうぜ」という自分の行動基準で動くので、ダイナミックで大胆なことをする、いちばん少年期らしい時期です。責任というものをそれほど意識せず、その場その場を思いっきり楽しむ。そういう意味では、うまくいけば人生でいちばんバラ色の時期と言えるかもしれません。

悩み多き思春期に入る高学年

高学年になると、体が性的に少しずつ変化してきて、自分が男であること、女であることを引き受けなくてはならないことに気がつきます。特に、女子は生理が始まると、そういうことにずっとつきあっていかなくてはならない、自分は男子とは違うんだと自覚し始めます。男女ともに、体の変化をどう引き受けたらいいのか悩み、それでイライラや不安が強くなります。扱いがむずかしい年ごろになっていきます。

こうした子どもたちの気持ちを理解しないで、3〜4年生の延長で、「がんばればいいんだ」と単純に繰り返す先生は、デリカシーがないということになります。それがきっかけで、子どもが先生をばかにして、クラスが荒れることもあります。

親もまだ幼い子どもだと思って、命令口調で話したり、なんでもがんばれがんばれでは、子どもは親の心の中にデリカシーを感じず、心は親から離れていってしまいます。

自尊感情を育てることが学力アップのカギ

自尊感情が低い日本の子どもたち

日本の子どもたちは他国の子どもたちとくらべて、自分にとても自信がなく、自尊感情も低いというデータが出ています。「私ってまあまあじゃん」「私にはいいところがある」という自尊感情の育ちに大きな懸念があるのです。

昔だったら集団で遊ぶなかで、自分の立ち位置のようなものを少しずつ自覚したり、「私はこんなこともできる」「ぼくはこんなことが得意」という自己発見があり、達成感を重ねることで自信を深めていくことができました。

また、家の用事を手伝って、それがじょうずにできるようになり、親に評価され、感謝されて自分に自信をもつチャンスもありました。

でも、生活スタイルが大きく変わり、遊びや手伝いで自分の立ち位置をうまく定めていく機会も少なくなり、手伝いによる役立ち感やさまざまな達成感を蓄積することで自信を深めていく経験もしにくくなりました。

最近の子どもたちは、学校や塾の成績でしか自分の評価や位置を自覚することがむずかしくなっています。でも、勉強でトップクラスというのはひとにぎりしかいないのですから、大部分は「落ちこぼれ」になってしまいます。

とりわけ中学受験のための勉強は、うまくやらなければ自信をなくすきっかけになることさえあります。

子どものいいところをほめていますか?

日本の子育ては「ほんとうはすごくやさしい子だ」「音楽のセンスがいい」「言葉の発想がおもしろい」などと子どもの個性を発見して、「これがあなたのいいところよ」と自信をつけさせたり、自尊感情をはぐくんでいくことがあまり得意ではないといわれています。

ほとんどの親にとって理想の子どもは、「適度に競争心があり、要領がよく、がんばりやで勉強ができる子」ではないでしょうか。でも実際には、そんな子はいません。そうでない子どもの中にどうその子らしさを見つけ、それをその子のもち味として育てていくのか。これが個性育ての秘訣なのですが、今の親は意外と苦手です。親自身が「その子らしさ」をたいせつにして育てられてこなかったからでしょうか。

また、少子化の時代を生きる子どもたちは、つねに親の評価の目にさらされています。

一般的に「させられている」と感じることが多いと、自尊感情はうまくはぐくまれないのですが、評価のまなざしが強いことは子どもたちに親の期待を無言のうちに伝えがちです。知らないうちに「させられる」環境になっているのです。

自尊感情をじょうずにはぐくんでいる子は2〜3割

そのような環境にいると、「私だってまあまあいいところもある」とやる気になったり、ちょっとした困難があってもそれをじょうずに切り抜ける、いい意味での精神のタフさが育ちにくくなります。自分のことを深いところで信じる「ぼくはぼくでいいんだ」という自尊感情。それが弱くなると、だんだんやる気をなくしたり、勉強がむずかしくなると逃避しがちになったりします。そういうことが積み重なって、生きる意欲そのものを失う子もいます。

「努力すればできる」とか「落ちこぼれは努力しないからだ」と言われたりします。しかし、本気の努力は自分に対する信頼感があるときにしかできないのです。

データに見る限り、自尊感情をじょうずにはぐくんでいる子どもは、今の日本では2～3割しかいないかもしれません。自尊感情の育ちを励まし、子どもが自分自身を伸ばしていけるように配慮をすることが、今の日本の子育ての最も大事なテーマになってきているのです。

自尊感情を伸ばせば成績もよくなる

小学校高学年で、自尊感情が高い子どもと低い子どもをグループ分けして、中学校進学後の成績の伸びを比較した研究があります。その結果は、自尊感情が高い子どものほうが成績の伸びがうんとよいというものでした。自分はだめだと思ってしまうと、すべての意欲をなくしがちなのです。

子どもの自尊感情を伸ばしていくために、親がしてやれることのいちばんは、日常会話で子どもにしっかり話をさせ、しっかり聞き、そして共感してやることです。自分の言ったことを親が認めてくれたという小さな積み重ねは、子どもたちにとってありがたいものです。

そのうえで、「どうしてそう思うの？」と親が子どもの意見を引き出します。対等に扱われたことは子どもの心にとってとてもうれしいことなので、自信につながっていきます。

親好みでない個性も育てる

「すごくやさしい」「歌がじょうず」「お手伝いをしてくれる」など、その子のいいところをどんどん認める。

競争心が全くなくてマイペースな子どもは親にとっては歯がゆいかもしれません。

でも、人に勝つことには興味がなくて、自分のやりたいことだけやりたい、という性格は、その子の将来にとってマイナスとは限りません。むしろ自分をたいせつにする人間になる可能性も大きい。そのように、できるだけよいほうに、見てやってください。

親の興味が子どもの知的興味を育て、成績にもつながる

親が関心や興味のあることに、子どもは関心をもつものです。親が政治経済に関心がなく、新聞も読まなければ、子どもが社会に関心をもつのはむずかしく、学力の土台づくりがうまく進みません。親の興味というものが、子どもの知的な関心のベースをつくっていくのです。

ところで私たちがまず興味をもつべきなのは、実は自分たちの住んでいるところではないでしょうか。ぜひ家を中心に少し遠くまで足を延ばして歩いてみてほしい。漠然と歩くのではなく、地元の名産を食べてみようとか、神社を回ろうとか、親子で目標をもってやってみるとおもしろいですね。学校の勉強とうまく抱き合わせられると、さらに子どもの知的関心が高まります。公害の勉強をしているようなら近くに流れる川を観察してみたり、火山の勉強をしているようなら噴火が起きた場所までドライブしてみたり。教室の中だけの勉強ではなく、実際に見たり、ふれたり、食べたりすることがあるとこの経験が生きてきます。高学年になると、しだいに親につきあうのをいやがるでしょうが、親が楽しそうにしていると、子どもも興味をもちます。

子どもたちには、自分の住む地域が豊かで、幸せになることがたいせつであることをぜひ伝えてください。でも、その地域のよさが何なのか、地域の誇るべきことは何か、地域にどんな課題があるかが親自身わかっていないと子どもたちに伝えることはできません。まずは親自身が地域に関心をもってほしいのです。

私たちが子どもたちに期待しているのは、なにも世界経済の担い手になれということではありません。そうではなくて、世界経済の動きに合わせて、それを読みながら、どうしたら自分たちの地域が豊かになっていくのかを考える人になることです。

高学年になったら格安ツアーを利用して、リゾート地ではないアジアも見せてほしい。これからの子どもたちには、ローカルな視点とグローバルな視点の両方が必要です。地球環境問題にとり組む基本姿勢をあらわすキャッチフレーズに「地球規模で考えて、地域規模で行動せよ」という言葉があります。その言葉のたいせつさを理解するための基礎体験を小学生の時代からさせてほしいのです。

こうした基礎体験を通じて、子どもはなんのために勉強するのかを理解し、知ることのおもしろさもわかってきます。

対人信頼感の比較(日本・韓国・フィンランド学生比較調査) 単位(%)
出典:木村忠正「「闇メディア性」本格化の年」(『NIRA政策研究』第18巻第12号)

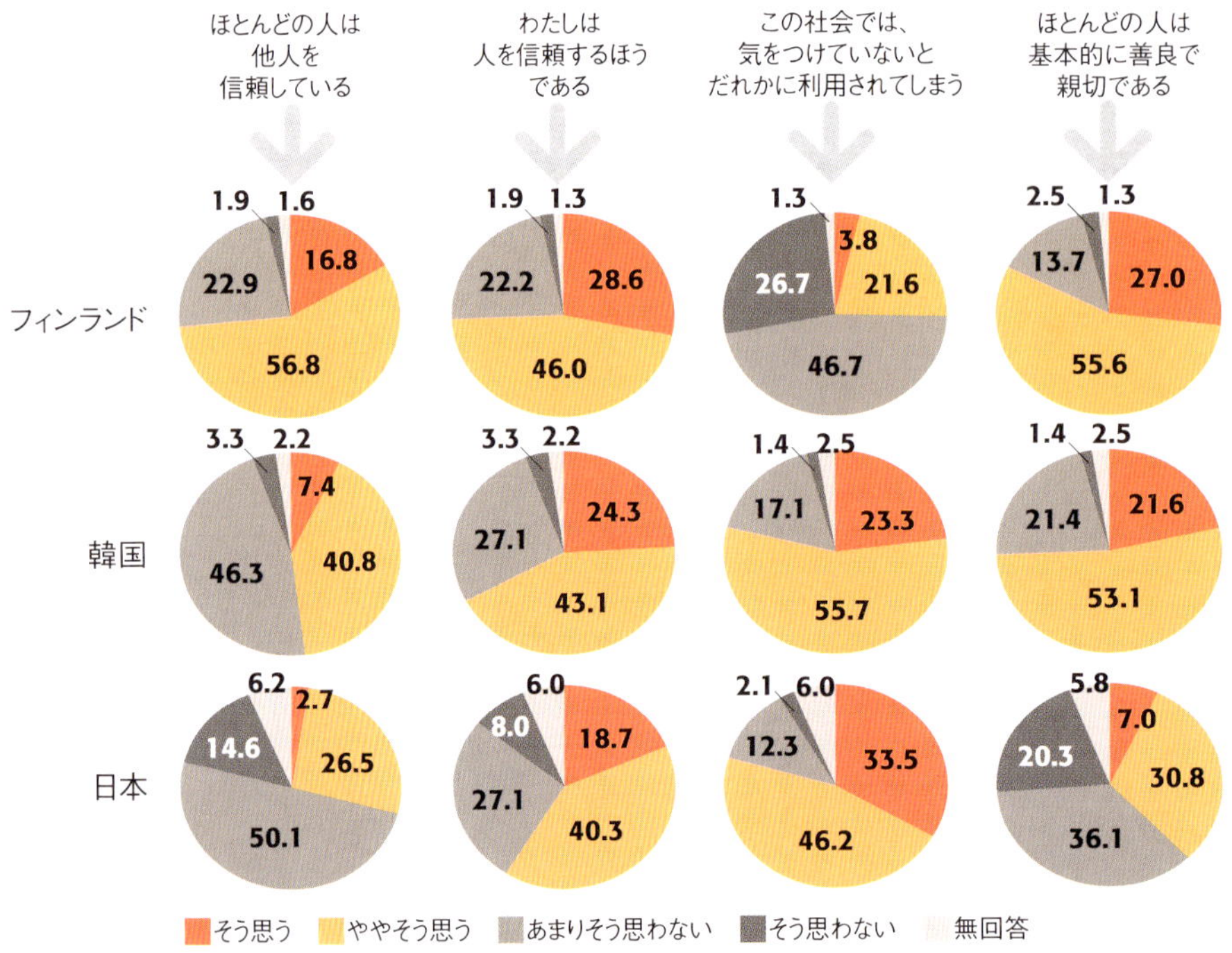

他人とくらべないことが子どもの自己信頼感や共感力を育てる

「みんなは何点だった?」と聞くとしたら……

子どもがテストで100点満点をとったとき、「何人くらい100点がいたの?」と聞いていませんか? その答えが「100点がいっぱいいたよ」だったとき、「な〜んだ」とがっくりした表情になっていませんか。

こうしたお母さんの態度は、「他人に勝つことが大事なのだ」と子どもに伝えているようなものです。いいえ、私は「他人に勝て」なんて子どもに言った覚えはない、という人もいるでしょうが、実は本音の価値観は言葉の端々でしっかり伝わっているのです。「そうか、100点がいっぱいいたのね。みんなよかったね。それであなたが100点じゃなかったら困るもんね」と、その程度でいいのです。

他人を信頼していない学生たち

対人信頼感の比較調査(グラフ参照)を見てみると、「ほとんどの人は他人を信頼していると思うか」の項目で、日本の学生は「そう思う」

「ややそう思う」の割合が、ほかの国の学生とくらべてとても低いことがわかります。

他人を信頼していない、ということのあらわれです。他者を信頼せず、頼れるのは自分しかいない。だから他者にいろいろなことを打ち明けられない。自分の弱点を知られてたまるか、という気持ちも強くなります。

友だちを自慢するわが子を抱きしめてほしい

なぜ、そのような結果になるのでしょうか。

たとえば、小学校の体育の授業で逆上がりをやりますが、まだできないわが子から、「○○ちゃんはすごいんだよ。逆上がりを20回も連続で回ったんだよ」と聞かされたとき、お母さんはどう言うでしょうか？　一応「すごいね」とは言うでしょうが、「あなたは？」と聞きませんか。そして、「そんなに回れる子もいるのに、あなたもがんばらなくちゃだめじゃない」とつづけるでしょう。

でも、冷静に考えてみてください。「クラスメートができたことをわがことのように喜ぶこの子って、考えてみたらすごくいい子だ。共感力のとても高い子だ」と思いませんか。できたら「友だちのことをそんなに喜んで、あなたっていい子ね」と言って、心から喜んでほしい。そこを見ないで、「なんであなたは自分ができないのに、他人のことを喜んでいるのよ」なんて思わないでほしいのです。

人が喜んでいたらいっしょになってうれしがる。悲しいときはいっしょに悲しんであげる。人に勝つなどということより、そのほうがずっとたいせつだと親自身が本気で思い、子どもにもしっかり伝えてほしいものです。

学力をつけるのは他人を蹴落とすためではない

今の社会では、「自分さえよければいい」「自分の子どもさえよければいい」と思うことがきちんと批判されなくなっています。ゆがみのある社会になっているのですね。

でも、人間は自分のためだけにはなかなかがんばれないものです。みんながんばっているから自分もがんばろう、がんばると喜んでくれる人がいるからもうちょっとがんばってみよう、と思うのです。

それに、「自分さえよければいい」なんて人間としてさびしい。学力はきちんとつけるべきですが、それは他人を蹴落とすためではなく、世界が見え、他者が見え、自分で何をすべきか見えるようになるためです。

お互いに共感し合い、ほめ合うことをしなくなり、「自分さえよければいい」という感覚や最近はやりの「自己責任」「自己努力」がはびこる。それは、人が何か大事なことを見失いつつあることの象徴だと思います。

叱るということは子どもをしつける大事なチャンス

叱咤激励ばかりでなくあたたかく受け入れることも

小学生になって勉強をしなければならなくなると、「宿題はしたの？」「ゲームばっかりして」と叱る場面がふえがちです。でも、がみがみ叱るのは、叱っているというより、親のイライラを子どもにぶつけていることが意外と多いものです。

家庭というのは、帰宅したら「今日も学校でがんばってきたんだね」とあたたかく受け入れ、家族で楽しいことを考えたり、いっしょに出かける計画をしたり、だれかが何かを始めたらみんなで応援してやり、「うちに帰るとホッとする」「家族はいつも応援してくれる」という場所でありたいものです。

しかし、最近の家庭は、往々にして受験市場に送り出すために子どもを育てる場になったり、企業に高く売り込むために子どもを叱咤激励する場になったり、商品価値の高い子どもをつくることが目標になったりしがちです。でも、家庭はそんなところではないはずです。

叱るというのは大事なしつけのチャンス

「叱る」（または「ほめる」）というのは、人間としてやってはいけないこと（やるべきこと）をタイミングを失することなく伝えるための行為という原則を心に留めておくことが大事です。

そのためにはまず、叱るときは、なぜ叱っているのか、理由がわかるように説明しなくてはいけません。感情にまかせて叱るだけではなく、冷静さもどこかで保つことです。

叱るというのは、子どもを人間として育てる大事なチャンスです。どんな年齢でも同じです

が、特に小学生ともなれば、がみがみ怒ったらこちらの思うとおりになる年齢ではありません。

じょうずに叱れないお父さんは自分の人生を伝える

「たまにはお母さんから叱って」とお母さんから急に言われても、ふだん子どもとあまり接していなければ、そううまくはいきません。子どもがどんなことで喜んだり、悩んだりしているのかをたいして知らず、心が通じていないと感じている場合は、何かあったときだけ「お父さんの出番ですよ」と言われても、お父さんも困るのです。

そんな場合の秘訣は、「人生を語る」ことで、怒っている気持ちを伝えることです。親がどういう思いで生きているか、何を喜んでいるのか、どういう思いで子どもと接してきたのかを語れば、子どもの心に何かが響くはずです。親は自分の人生で学んだことを少しずつ子どもに伝えることが大事なのです。

「お父さんはこういうことが大事だと思っているんだ」と伝えること。これを、「叱る」ときの基本パターンとして心得ておく。小学生には十分にそれが通じます。

親の人生で学んだことを伝えれば、心は通じる

お母さんも同じです。「お母さんはこういうことが大事だと思うから、あなたにこう言っているのよ」と伝えることが大事です。

当てつけがましい言い方になったりすると子どももいやがります。自分のありのままの人生を語って、「だからこういうことはだめだと思う」と伝えることです。

子どもが、部活で練習しても上達しないとか、何かで失敗して元気をなくしたようなときも、安易に励ますより、散歩にでも連れ出して、「お母さんも若いころはうまくいかなかったの」などという話を、二人とも前を向いて歩きながらしみじみと語ってみる。親の深い思いを伝えることができれば、子どもが成長しても心が通じ合う親子でいられます。

お手伝いは学力の基礎、生きる力の基礎をつくる

お手伝いで人生のあらゆるものを学ぶ

第2章でも、料理などの家事とその中の会話で計算の基礎が養えたり、社会や理科の興味を広げることができると述べました。ぜひ、意識的に努力して、親子で家事をいっしょにやる場面をつくり、お手伝いをさせてください。

お手伝いは、ほかにも子どもの成長にさまざまにつながっています。

まず、自尊感情を育てます。家族の役に立つことで「自分は役に立っている」と感じ、家族の中での存在感を手に入れることができます。

社会性を育てます。スーパーなどへおつかいに行ったり、郵便や宅配便を出しに行ったりすることは子どもにとって社会との関わりをもつ体験です。そこから、社会性の芽が育ちます。

家庭生活のスキルを学びます。料理でも洗濯でも掃除でも片づけでも、訓練すれば小学生でもできるようになります。

そして、まめな性格が育ちます。これは人生において欠かすことのできない力です。

親子の会話がふえます。子どもが成長するにつれ、親子の会話は少なくなります。しかし、お手伝いが日常化していればいっしょにいる時間がふえ、必然的に親子の会話もふえます。「この間、読んだ本にこんなことが書いてあったの」「○○さんと会ったときに、こういう話があってすてきだと思ったの」などという会話ができれば、子どもは自分が子ども扱いされず、大人の会話ができたことの喜びを心に刻んでいきます。

お手伝いに命令口調は禁止

「小学生になったから、このくらいはやってね」

「これくらいやるのはあたりまえよ」などと命令口調でお手伝いをさせるのは感心しません。できれば家族会議で意見を出し合ったうえで、お手伝いのルールを決めてほしいですね。

「月曜日と金曜日はこれを手伝ってほしい」「お母さんは昼間、ファミレスで働くことにしたから、洗濯物だけはとり込んでほしい」というように頼みます。「なぜ働くの？」と聞かれたら、「これからお金がいろいろ必要だし、みんなも大きくなったし。お父さんだってたいへんだからね」とちゃんと語り合えることが大事です。

家族という一つの共同体をになう一員として、「あなたをあてにしている」ということが伝われば、子どもだって「家族の一員なんだから手伝わなくちゃ」と思います。子どもを指示、命令、禁止で動かそうとしないことです。

「ありがとう」の言葉を忘れない

お手伝いをさせても、サボったりしてうまくいかないことがつづいたら、どこかに無理があるのです。そのときは「あなたの仕事でしょ」と突き放したりせず、いっしょにやりながら少しずつ慣らし、徐々にまかせていくようにしましょう。そして、「助かったわ」「ありがとう」の言葉を忘れずに伝えてください。親が寝転んでテレビを見ているときに「お風呂を洗ってきてよ」と言われても、子どもは「やらされている」という気持ちばかりで、家事はいやなものだという思いしか残りません。子どもに手伝ってもらっているときは、親もほかの用事などをして立ち働いていることもたいせつです。

じょうずにお手伝いの世界に誘い込むこと。そこでいろいろな体験をさせること。そのことで学力の基礎、生きる力の基礎をはぐくんでください。

リーダーシップも家庭で育てる

強いリーダーシップというのは、すべての人間に必要な資質ではありません。しかし、組織の中では、だれもが提案したり、みんなのために働いたりすることが必要です。後ろからついていくだけで、組織全体のことを考えていない、というのではまずいのです。

子どもには、トップではなくてもある程度のリーダーシップをとることができ、組織を動かしていく練習が必要です。

たとえば、家族で出かける計画があれば、「じゃあ、○○ちゃんが計画を立ててみて」と言って、リーダーシップをとって組織を動かす練習を経験させていきます。

小学校高学年くらいになったら、計画をまかせるようにすると、子どもも積極的に参加するものです。子どもの立てた計画に関して、親はアドバイスはしても、文句をつけてはいけません。「楽しかったよ、ありがとう」と感謝し、さまざまな経験を積ませてやってください。

わが子が「発達障害かな？」と感じたら

小学生になって障害が見えてくる

発達障害は、はっきりとわかる症状を示すようなタイプの自閉症以外は、幼児期まではそれとはわからないことが多いものです。

ところが、小学校に入学すると、活発すぎると感じていた子どもが実は「ADHD（注意欠陥・多動性障害）」であったり、文字や算数の勉強についていけないことで「LD（学習障害）」であることがわかったりします。幼児期よりも複雑な人間関係を処理しなくてはならない環境で、他人の感情が読めず、トラブルが多くなって「アスペルガー症候群」であることに気づいたりもします。

「学校でうまく授業に適応していないらしい」「みんなからちょっと変わっていると思われている」「邪魔者扱いされている」と感じたときは、安易に叱ったり励ましたりするのではなく、まずは冷静に子どもの様子を観察してください。

ADHDの特徴は注意力が持続しないこと

ADHD（注意欠陥・多動性障害）の場合、注意力が持続しない障害なので、授業に集中することが困難です。教室内を立ち歩いたり、おしゃべりすることも多く、注意しても通じないことが多いとされます。また、こうした状況がつづくと、成績にも問題が出てきます。心配なときは、小児科などで専門的な判断をしてもらいましょう。

このタイプの子どもは注意力に欠陥があるわけですから、たとえば2つのことを同時に指示しないようにします。やるべきことを1つずつ書き出したりして、できると評価します。うまくできれば、「自分はこうすれば、まちがえない」という自信を身につけることができます。

有効な薬があることもわかっています。薬とつきあうかどうかは別としても、少なくとも小学生の時期には専門家に相談して、クラスのみんな

とうまくやっていったり、きちんと学習できたりするようになるための練習をさせてください。

LDは識字の能力に欠ける障害

ＬＤ（学習障害）は国語力には問題がないのに、簡単な計算ができないとか、逆に計算はスラスラできるのに簡単な漢字が書けないなど、能力に著しい偏りがある障害をいいます。脳の障害が原因で認知が困難になっているわけで、決して、その子が勉強をサボっているわけでもなんでもありません。

学校の勉強で、ほかの教科はできるのに、ある特定のことだけができない場合は、専門医の診断を受けることをすすめます。

効果的な克服の方法は見つかっていませんが、ＬＤ児用の教育プログラムの開発はさまざまに研究されています。無理に計算、書写を強要するのではなく、たとえば計算が苦手なら計算機を使う、文字が書けないときはワープロを使うなどの対応策があります。

他者の気持ちが読めないアスペルガー症候群

アスペルガー症候群は、他者の立場に立ってものを考えるということが困難な障害で、そのために社会性の育ちやコミュニケーション能力の発達がスムーズにいかないことがしばしば起こります。「仮にきみが女の子だったら、こうだよね」というたとえ話をしても、「ぼくは男だもん」と話がうまく通じない。別のシチュエーションを想定した行動が苦手なので、「こうしたら相手がこう思うだろう」と想定しないで、ストレートに言葉を発してしまうなど、人間関係でトラブルを起こしやすい。

小学生になるとそうした傾向がはっきりとしてきますし、たとえきびしく叱っても変わりませんから、専門機関で見てもらって、対応の仕方を親も学んでほしいと思います。

その一方で、アスペルガー症候群の子どもには特異な才能を発揮するケースが多く、織田信長やエジソンもアスペルガーであるといわれます。親がじょうずに接することで、才能を伸ばす可能性が広がります。

子どもの成績がよかったら、いまいちだったら

成績がよくてもしつけをあいまいにしない

わが子の成績がけっこう優秀だとわかったとします。しめた、ということで「あなたは勉強だけしていればいい」とついつい手伝いをさせなかったり、多少のわがままは許してしまうなど、勉強以外のことで親が甘くなるケースがときどき見受けられます。特に男の子の場合、その傾向が強いように思います。しかし、これで天狗になってしまって人間として育ち損ねては、元も子もありません。

道に手軽に拾えそうなゴミが落ちていたとします。自分で拾えば簡単なのに、「ゴミを拾うのはぼくの仕事じゃない、清掃人の仕事だろう」とばかりに知らんぷりをする。そんな傲慢な人間に子どもたちを育ててほしくないのです。

親は、社会の作法や慎み深さ、品性の芽に鈍感なときには、子どもを本気で叱らなくてはいけません。成績のよし悪しに関係なく、子どもを人間として一人前に育てることが親の仕事です。

生活能力をつけないと幸せな人生はむずかしい

将来、もし妻が病気になっても、洗濯や掃除をいやがらずにできるような生活能力やこまめさ、性格のよさといったことは、その子の人生においてとても大事なものです。勉強ができて

も、生活能力がないと幸せになれません。

生活能力は小学校時代に家の仕事を手伝ったりすることで養われますが、同時に、人に配慮してもらった、深く支えてもらったという体験、ひと言で言えばケアの体験のあるなしで違ってきます。生活能力はスキルであるだけでなく、配慮する力でもあるのです。この力をぜひ育ててほしいものです。

人の役に立つことも教える

今の時代は、暑ければ冷房、寒ければ暖房、という生活ができるために、自分のペースで生活のすべてが回ると誤解しがちです。ほんとうは親やまわりの人たちに助けられているのに、それが見えにくいのです。また、人の役に立つことは人間としての喜びであるはずなのに、それがわかりにくい社会にもなっています。

わが子の成績がよかったら、それはありがたいことと思って、なんとかその能力を生かしてうまく生きていってほしいと願いつつも、だからといって「感謝の気持ちがなく、人間の弱さや痛みがわからない子どもにはなってほしくない」という心意気だけは忘れないでください。

成績がふるわなくても子どものよいところを伸ばす

逆に子どもの成績がいまいちだとわかったら、親はどうすればいいでしょう。

まずはともかく、学校の勉強の基礎がしっかりとわかるように努力してほしい。小学校の勉強は、今の社会で生きていくために必要な基礎能力を準備していることにはまちがいありません。少なくとも、読み書き算数の基礎はしっかりていねいに見て、マスターさせてやってください。

もう一つは、テストで１００点をとることが将来を保障するわけではないということを頭において育てることです。詳述はしませんが、今の学校のテストは、計算とか文法、漢字など成果がはっきりと出てくるものが中心です。しかし、社会に出たとき、計算が速くできることが社会人としての能力として評価されることはまずありません。それよりも、「何かに没頭して一所懸命にやることができる」「うまくいかなかった。じゃあ、こうしようとじょうずに危機管理ができる」「友人のことを本気で心配する」「数人のグループならリーダーシップをとってまとめることができる」などのほうが社会では高く評価されるのです。成績がいまいちだからだめな子と決めつけず、子どものそうしたところを伸ばすことをたいせつにしてください。

学校の成績だけで、子どもの将来が決まるという時代ではありません。成績だけでなく、社会性も育てなくてはならない時代になってきたことをお母さん、お父さんは頭に入れておいていただきたいと思います。

自分らしく生きるための自分探しを応援してやる

小学校時代は子どもの自分探しを応援する時期

小学校時代に大事なことは、子どもの自分探しを手伝ったり、応援してやることです。

少し前までは、非常にわかりやすい学歴社会で、どの大学に進学するかによって、自分の幸せ度が決まるとまでいわれてきました。

でも、今は偏差値や点数よりも、自分のやりたいことをもっていたり、得意分野があっていろいろな提案をしたり、どこにもモデルがないものを編み出したりする人間が評価され、大事にされる時代です。

そうだとすると「私はこういうことが好き」「これについては人に負けないものをもっている」、そして「できたらこういう仕事をしていきたい」「こういうことにこだわって生きていきたい」というものをしっかりもっている人間のほうが、じょうずに生きられるわけです。

ほんとうにやりたいことをもっている人間に育てる

つまり、子どものころから、自分がほんとうにやりたいことがあったり、ある分野について一所懸命に訓練したり勉強しているという人間のほうが、これからの社会では生きやすい時代に入ったということです。

「自分はこんなことが好き」「こんなことをや

ると自分らしく生きられる」ということを小学生のころから模索してほしい。そうした模索を、私は「自分探し」と言ってきました。「自分がやりたいこと」「自分らしく生きられるテーマ」は、だれかが与えてくれるものではなく、自分で模索するしかありません。自分探しは小学生から始まるのです。

子どもが何かに熱中していると、「そんなことより塾に行って、成績を上げてよ」と実際にはわが子の夢をつぶしていることはありませんか。どんなに小さなことでも、夢がなければがんばることはできませんし、楽しい人生を送ることはできません。自分らしく生きるためにこそ、子どもの夢を育ててやってほしいのです。

今はだれも言わなくなったけれど、夢をもたせることは子育てで最も大事なことの一つです。

勉強以外の能力も、将来の成功には必要

米国のデータですが、「東海岸にあるエリート校の学生たちが、卒業後にどのような活躍をしているか」という調査をしたことがありました。その結果ではっきりしたのは、いわゆる知能が高くて学校での成績が非常に優秀な学生が、社会に出て成功するとは限らないということです。

一方で、40歳ぐらいになって社会的成功をおさめたり、よい仕事をしている人の学校時代の成績はさまざまでした。そして、学生時代にかんばしい成績ではなかった人の中にもいい仕事をしている人はたくさんいたのです。

社会で成功している人の資質を分析すると、いわゆる社会力があることがわかりました。

社会力とは、困っている人がいるときにどうしたら励ますことができるかを考えつく、みんなが意気消沈しているときにじょうずにやる気にさせる、自分が落ち込んだときもそこからうまく立ち直る、あるいはサッカーの試合が見たくても大事なときにはそれを我慢できる、というような能力です。相手の情動を高めたり、自分の欲求をコントロールする能力の高い人が社会的に成功していました。

知能指数の高さは、工業社会ではそれなりに実力をあらわしていたのかもしれません。でも、今のように第三次産業が中心の情報化社会になると、情緒が安定して、対人関係を良好に保っていくことのほうがたいせつです。

もちろん、論理的思考は必要ですから勉強もたいせつですが、ものすごく優秀な成績をとらなくても、学校の勉強がある程度わかっていれば、むしろ社会性の高い子どものほうが社会で成功しやすいのです。

テストの点数を上げて銘柄大学に入り、大企業に就職するというのが、かつては最も安心で幸せな人生のコースといわれていました。しかし、社会の変化が激しくなった今、大企業に就職しても定年までいられるとは限りませんし、企業に振り回されるだけということにもなりかねません。

それよりも、自分のやりたいことをもっていて、若いころは苦労したけれどだんだん認められてきて、おもしろいことをしているという生き方のほうが充実しているかもしれないのです。

小学校時代、子どもの心の中は大進化している

少しずつ世界を広げ自分なりの座標軸をつくっている

小学生の時期、子どもは心の中で、世界に対するイメージや、世界の中で生きている自分のイメージを急速に作りかえ、世界観の基礎のようなものをつくっていきます。

入学してしばらくすると、自分が住んでいる世界のちょっと外側はどうなっているか知りたくなって、隣町まで行ってみようとする。やがてもっと遠くに行きたくなる。自分が知らない世界を知って、自分の世界を広げていきたくてたまらなくなります。

時間についても深く考えるようになります。時間の中で自分を考え、自分に与えられた時間の限度を考え始めます。

他方で満天の星を見て、こんな大きな宇宙でたまたま生命がいる星があり、そこに生まれた自分の不思議さに感動したり、自分の存在についても考えたりします。『クローディアの秘密』(E・L・カニグズバーグ著/岩波少年文庫)という本があります。6年生くらいの女の子が、家を出て自分を試してみたけれど、なかなかうまくいかず、自分を認めてもらえない――。この年ごろの子どもの心がていねいに描かれています。親子ともに読んでもらいたい一冊です。

変化は外からは見えないので親は気がつきにくい

心の変化については子ども自身もよくわかっていないので、親には見えづらいものです。そこで、子どもが空を見ていると「ぼーっとしていないで早く宿題を片づけなさい」と言いがちです。でも、子どもは空を眺めながら、大げさに言えば、心の中に世界観をつくりつつあるのです。外の世界がマクロコスモスだとしたら、子どもの心の中にミクロコスモスをつくっていくのです。

小学生は自分の存在について考えたり、実際には知らない街へ行ってみたり、いつも心の旅をしています。自分の世界を広げていき、また自分の安心できるところ(家庭)に帰ってくる。それを繰り返しながら、世界観の基礎をつくっていく。

小学生の時期に、ぜひ流れる雲を眺めたり、季節を感じたりして自然とうまく対話させてやってほしいと願わざるをえません。

第4章

小学校生活の気がかりに答えます

子どもの自立、大人への成長を応援するのが親の役目

小学生になると、行動範囲が広くなります。
親は子どもの行動のすべてを把握できなくなり、
当然、心配はふえます。
叱るときは叱り、ときにはおおらかに
対応することが大事ですが、これがむずかしいのです。
小学生の心配事の対応策をまとめました。

テレビゲーム

子どもと約束事を決め、毅然とした対応をする

テレビゲームには飽きない工夫がされている

テレビゲームが子どもの発達に悪影響を与えるのではないか、と問題になったことがあります。最近では、Ｗｉｉのように家族でゲームを楽しめる機器がふえ、居間に子どもが帰ってきたというデータもあります。家族で、あるいは家族のいる場所でゲームをやっていれば、時間を忘れて熱中しすぎることもないと思います。

問題なのは、自分の部屋のテレビに向かって一人でやること。テレビゲームは、スピード感やスリル感など遊びの要素をうまくとり入れているので、長時間やっても飽きません。しかも、スキルアップや達成感が得られるので、何回でもやりたくなります。はまりやすく、のめり込みやすく作られているのがテレビゲームです。

テレビゲームの問題は生活時間を奪うこと

テレビゲームばかりやっていると、生活時間の使い方のバランスが悪くなりがちです。

小学生の生活というのは、勉強したり、語り合ったり、遊んだり、それらを反省したりすることがバランスよく行われることが望ましいのです。しかし、テレビゲームに時間をとられすぎると、手伝いはしない、みんなの会話にも参加しない、勉強もいい加減になる、睡眠時間も減ってしまう、などの問題が起こります。子どもの育ちにも偏りが出てくるのです。

時間を決めて、約束を破ったら没収

テレビゲームについては、子どもと相談して、どの時間帯で何分まで、という約束を交わし、その約束を破ったらゲームをとり上げるくらいの毅然とした態度が必要でしょう。

勉強や手伝いをしないと、将来、困ることがいっぱいありますが、テレビゲームをしなくても困ることはあまりありません。それにテレビゲームは何歳になっても始めることができますから、小学生のうちに集中してやらねばならない理由もありません。

携帯電話

通信料金をお小づかいから払わせるのも手

携帯電話に時間を使われるのが問題

携帯電話の問題のいちばんは、時間をとられることです。メールをやり始めると、返信に返信して、それに返信して……と際限なく繰り返しがちです。無意識のうちに時間が使われ、日常生活でほかのことが手につかなくなってしまうことがあります。また、返信しないと次は自分が無視されることになったり、メールがこないと「シカトされているのかも」と不安になる。携帯電話によって人間関係が不自由になることがよくあります。片時も手放せない状態になっていたら、歯止めが必要です。

さらに、有害サイトに引っかかって、高額の料金請求を受けるなどのトラブルに巻き込まれることもあります。

使用時間の制限を考える

だからといって、携帯電話を頭ごなしに禁止にしては、子どもは反発するだけでしょう。「塾通いのときにだけ使う」「夕方6時以降は使わない」とルールを決めるなど、親子で使い方を話し合ってください。

小学生の場合は全員が携帯電話を持っているわけでなく、用があるときは自宅の電話や公衆電話を使えばいいでしょう。また、地元の小学校に通っている子どもに持たせる必要はないと思います。

通信料金が高額であることを理解させる

携帯電話を使うと、高額な通信料金がかかるということを子どもが理解していないケースもあります。そのときは「通信料金はお小づかいから差し引く」ことにすればいいのです。「それでは漫画も買えない」と子どもが自覚してから、「利用料金を減らしなさい」と子どもに考えさせればいいわけです。こうした利用の制限は、中学生以上では絶対に必要です。そうすれば、漫画が読みたいから、洋服がほしいから、携帯電話はいらないという子どももでてくるかもしれません。

パソコン

家族や生活の役に立つツールとして使わせる

パソコンですべてがわかったつもりにならない

パソコンの授業は、小学校でも行われています。これからの時代はパソコンが使えないと仕事になりませんし、中学や高校でもプレゼンテーションの時間にはパソコンでレポートを作り、発表します。学校でもインターネットで資料を集めるのがあたりまえになり、学校生活にパソコンはなくてはならないものになっています。

「パソコンは間接体験だから、できるだけ直接体験を先行しよう」とよく言われます。確かに、パソコンの画面で頂上からの風景写真を見るのと、苦労して山を登り、「やった！」という達成感を味わいながら景色を見るのとでは、同じ景色を見るにしても、心に感じるものは違います。

でも、間接体験がふえることが、必ずしもだめなわけではありません。本を読むこともすべては間接体験です。たいせつなことは、パソコンですべてをわかったつもりにならないこと。「ほんとうにわかるということは、体でわかること」という原則をわきまえて使えば、パソコンは便利なツールになります。

専用のパソコンは小学生には必要ない

家庭にもパソコンが普及しています。子どもたちには、何かの役に立つパソコンの使い方をさせてください。たとえば、「この料理のレシピを調べて」「こんな品物が売っていないか調べて」「博物館へ行くから開館時間を調べてみて」とパソコンで検索させたり、「家族旅行の計画を立ててみて」と頼んだりします。パソコンで調べたことが役に立った、という体験は、これから先のパソコンとのつきあい方の土台になります。

パソコンを使って何時間もゲームをしたり、ネットサーフィンをして、友だちと遊ぶ時間や睡眠時間が削られてしまうなら問題です。パソコンに慣れておくのはいいことですが、小学生には専用のパソコンはまだ必要ないでしょう。

スポーツはよい指導者のもとで体を使うことを楽しませる

プロを目ざすにはお金と時間を費やす覚悟がいる

シアトル・マリナーズのイチロー選手のように、小学生のころから親が熱心にサポートした結果、スポーツ選手として開花している選手を見ると、わが子の才能も伸ばしてやらなくては、という気持ちになります。

親が子どもだったころにくらべて、今は子どものスポーツ教室などが充実しています。子どもたちの能力を養成するシステムが確立され、しかもプロの指導者が教えています。

もともと才能の芽があった子どもについては、そうした養成システムにうまくのせることで、才能が伸ばせる時代になっています。ただし、お金はかかりますし、親の生活も子どものサポート中心に回ることになります。その覚悟のうえで、親がそういう育て方をしたければ、できる時代になっていることは確かです。

本格的に始めるのは中学生からでも十分間に合う

小学生からスポーツをがんがんやらせていかないと才能が伸びないということはありません。

小学生のうちは体全体を使って遊び、中学・高校になってから本格的にスポーツにとり組んでいけば、才能は十分に開花します。

ただし、今の日本の子どもたちは、「豊かに遊ぶことができ、そのなかからすぐれた選手が育ってくる」という環境にはありません。ですから、プロにしないまでも、スポーツの能力を伸ばしてやりたいと思ったら、体を動かせるように親が気を配ってやる必要はあります。

小学生のスポーツの場として、地元の少年野球チームや少年サッカーチームがあります。地域の大人たちが一所懸命に指導してくれるのですが、専門的な訓練を受けていない人が指導者である場合、才能のある子どもほど、無理な練習で体を痛めてしまうことがあります。参加するとしたら、親とは違う大人たちとの交流を体験させながらも、無理な練習になっていないか、子どもの様子を見守ってください。

みんなのために一所懸命になれることを探させる

子どもの話を聞くことから始める

「今の小学生は、慢性的な欲求不満状態にある」という人がいます。昔のようにあちこち遊び回り、冒険を重ね、小さな夢を追いかけてスカッと一日を終えるということがほとんどできなくなっているからです。エネルギーの出しどころを見つけられない生活になっていると言ってもいいでしょう。その欲求不満が、ゆがんだ形で他人への攻撃として出てくるのが「いじめ」です。いじめはいまやだれにでも向けられる可能性があります。

もし親として、元気のないわが子の様子を見ていじめられているのではと感じたら、どうふるまえばいいのでしょうか。

まずは先生に相談する前に、子どもと本心で話し合えるような関係をつくっておきましょう。安直に「いじめられているんじゃないの？」と迫るような聞き方はいけません。自分のみじめさを話すのは勇気がいります。それを言え！と迫られたら口を閉ざすしかないでしょう。

急にイライラしたり、弟や妹をいじめるなど、様子がおかしいと感じたら、子どもの心がちょっと開いたときに「最近どう？ 学校で何かある？」と聞いてみます。話もろくに聞かず、「あなたが悪い」「先生が悪い」と口をはさむようなことをせず、きちんと話を聞きますよ、という姿勢で接してください。親が受け止めてくれるとわかれば、小学生なら「ぼくだけ仲間に入れてもらえないんだ」と打ち明けると思います。

先生が悪いと言ってもどうしようもない

最近はすぐに親が「先生が悪い」「校長先生が悪い」「クラスが悪い」などと、学校に抗議や要求をしがちです。本格的ないじめであれば、学校も巻き込んで解決しなければなりませんが、まだいじめの初期段階だとしたら、子どもができることから始めてください。

あらためてわが子を冷静に観察してみると、打ちとけにくくていじめられやすいタイプかもしれないと気づくこともあります。そんなときはちょうどいいチャンスだと思って、「みんなのために自分が一所懸命になれることを探してごらん。必ず評価が変わるから」と子どもに合わせた励まし方をしてください。

たとえば、「いっしょに遊んでもらおうと思ったら、先に自分が友だちに何かしてあげないと無理なんだよ」とアドバイスするといいと思います。「友だちに何か親切なことをしている？」「友だちが困ったときに助けてあげている？」「友だちが何か忘れたとき、貸してあげている？」と具体的に話してみます。

小学校のクラスに限らず、どんな人間関係においても、「あいつはいいやつだ」と思われなくては、仲間に入れてもらえないものです。何もせずに、ただ仲間に入れてもらおうと思っているだけではいつまでたってもきっかけはできません。「あいつは悪いやつじゃない、みんなのために一所懸命やってくれるいいやつ」と認められたら、だれもいじめません。

こういう話をすると「いじめっ子のいいように使われて、パシリのような存在になってしまうのではないか」とお母さんたちは心配しますが、それは中学・高校での話であり、小学校のいじめのレベルではありません。

昔の子どもは遊びの中で処世術を身につけていた

近年、いじめが問題になるのは、子どもが処世術を学ぶ機会が少ないことも関係しています。

昔の子どもは、異年齢で集団をつくって遊んでいました。でも、それは小さい子にやさしい理想的な集団というわけではありません。高学年の子どもたちがドッジボールをやるにしても冒険に行くにしても、低学年の子どもは足手まといになるので「だめだよ」と入れてもらえませんでした。それでもがんばってついていくと、「しょうがねえなぁ」となるのですが、それなりに努力して、自己主張やアピールをしないと入れてもらえなかったのです。

子どもの集団は、親や祖父母や家庭教師のようにだまっていてもやさしくしてくれるわけではありません。その中で、ちょっとしたつまずきのようなものを体験することが、処世術を身につける機会になっていたのです。

話を聞くことで、心の葛藤を乗り越えさせる

低学年は不登校を長引かせない

不登校は、小学校低学年と高学年では対応がかなり違います。

低学年の不登校は、多くの場合、まだ単純です。わが子も1年生のとき、学校に行きたがらないことがありました。でも、私がかついで学校に行き、教室にポンとおいたら、しばらくしてケロッと友だちと遊んだり、授業を受けたりしました。あとになって、運動会が近づいてきて先生が急にきびしくなったことが原因だったとわかりました。

低学年の場合は、「行きたくなるまで待つ」というのはあまり賢いやり方ではないような気がします。ものわかりのいい親になってほうっておくと、そのままずっと学校に行かなくなることもあるからです。「大丈夫だよ」と子どもを抱きしめたり、「今日はお母さんがついていってあげるから」と、子どもとしっかり向き合いながら「がんばっていこう」と励ましてあげてほしい。

低学年ではそれほど深刻ないじめもないので、「あなたが友だちにやってあげられることを考えてみようね」などと話しているうちに、いじめが解消してしまうことも多いのです。

中・高学年は「がんばって」と励ましても解決にならない

3～4年生になると、低学年のように単純には不登校が解決できなくなります。さらに高学年になるといじめによる不登校も本格的になってきます。子どもの心が成長すれば、それだけ心の傷も大きく深くなる可能性があるからです。

受験の圧力や競争的雰囲気がいじめを助長している面もあります。いじめられたことをうまく乗り越えられず、自分がどんどんみじめになっていくけれど、それをどう処理していいのかわからなくて堂々めぐりをしている子がたくさんいます。

心の中のさまざまな葛藤をうまく乗り越えられずに不登校になっていくのですから、「がんばって学校へ行きなさい」と励ましてもあまり効果は期待できません。また登校できるようになるには、自分の中に希望が見えてこなければなりません。

いじめた友だちに対する怒りだけでなく、「み

んなもたいへんだったのかもしれないから、許してもいい」という気持ちになったり、「自分はこれからちゃんとやっていけそうだ」という希望を見いだせることが必要になってきます。

本人が「もう一度学校に戻りたい」と言うなら、その気持ちを大事にしてください。ただ、いったん学校からはじき出された経験をもつ子どもですから、「学校に戻さないと」と親があせってもうまくいかないことが多いものです。

そんなときは、フリースクールに通わせて、同じような経験をしてきた子どもとワイワイやったり、気の合う友だちを見つけることで、希望が見えるようにしてやるほうが得策でしょう。高学年の不登校は、あせって学校に戻そう戻そうと考えないほうがいいかもしれません。

フリースクールなどで無理のない立ち直りを

不登校の子どもに親がしてやれることは、とにかく話を聞いてやることです。そして、気長につきあっていくこと。勉強も遅れてしまいますから、カウンセラーなどに手伝ってもらって、少しずつでもとり組めるようにしていきます。

親になんとか学校に戻そうという態度がにじみ出ていると、子どもは逆に心をかたくなにしてしまうことがあります。子どもの味方になってやることが大事なのです。

わが子が不登校になると、「朝、自宅まで子どもを迎えにきてほしい」「友だちを遊びに来させてほしい」などと、学校に次々と無茶な要求をする親がいますが、それは屈折していると思います。学校や先生にわがままを通しても、解決にはなりません。「学校が悪いのよ、あなた（子ども）は悪くない」と言うだけでは希望は見えてこないからです。

友だち

「悪いこと」をいっしょにしてこそ一生の友だちになる

小学校は一生の友だちをつくるところ

小学校生活で最もたいせつなことの一つは、友だちをつくることです。

私が60歳を過ぎて体調を崩して入院したとき、小学校から中学校までいっしょだった友だちから、「体を大事にしろ。竹馬《ちくば》の友から」とメールがきました。「竹馬の友」とは幼なじみのことです。近所に住んでいて、勉強も遊びも、叱られるときもいっしょだった友だち。こうして、心の底からいろいろ相談したり、信頼できるかけがえのない友を得るのが小学校時代です（中高生の時期にはほんとうに気の合う「親友」をつくりますから、それもたいせつです）。

今はそれぞれ違う人生を歩んでいるけれど、「どんな職業や地位につこうが友だちでいる」という関係の人間が、だれしも必要です。そういう意味では、中学受験のために毎日塾通いをして、友だちをつくる時間のない子どもはちょっとかわいそうです。

わざと規範を破る「悪」の体験をしたがる

2〜3年生になると、「公園で遊んでくるよ」と出かけても、公園から別の場所に移動したり、何をして遊んでいるかを親に話さなくなります。親に秘密をもつようになるのです。

多くの場合、子どもは学校で禁止している区域まで遊びに行ったりして、わざわざ禁じられていることをやっています。ちょっとした「悪」の体験をしているのです。

ここで「悪」というのは、そのときどきの決まりや規範を破ることをさします。歴史の中には、その当時の考え方からすると悪でも、あとから考えたら正義だったということはたくさんあります。

悪いことをするときはだれかといっしょにする

子どもにとっては、親や先生から与えられた秩序を破ることが「悪」になります。ところが、「あそこへ行ってはいけません」「こういうことをしてはいけません」と禁止されることを子どもはわざとやりたがるようになります。「禁止するからには何かあるんじゃないか」と思うわけです。しかも、一人ではせずに、「いっしょに行こうよ」「そのくらいはいいじゃん」と友だちを誘って行動します。これは、男の子、女の子を問いません。

「悪」の体験を無事に首尾よくやれれば「やった！」といっしょに喜ぶ。あるいは、見つかっていっしょに叱られる。そういうふうにいっしょの体験をしていくことで、子どもたちはほんとうの友だちになっていきます。「ちょっとした『悪』の体験を共有した人間」のことを、友だちというのです。トム・ソーヤーにしても、大人が禁じることをやることで友だちになっていくわけです。

子どもを自由にして友だちをつくらせよう

いっしょに遊ぶだけでなく、ちょっとした「悪」の体験をする。それがばれたら、親は叱らなくてはいけません。でも、それは子どもからしたら、大人が支配する世界から初めて抜け出ようとするたいせつな体験なのです。大人になっていく練習です。一人ではやる勇気がないので、いっしょにやってくれる友だちはありがたい存在です。

こうして本人たちだけが知っているような秘密で結ばれ合う体験を小学生時代にやれるかどうかが、実はとてもたいせつなことなのだと、知っておいてほしいと思います。

この「悪」の体験は親からはほとんど見えないので、心配かもしれません。でも、子どもを純粋培養しても心豊かには育たないことは昔からの真理と心得ていてください。

最近は、GPS機能つきの携帯電話を使って子どもを管理する親もふえています。子どもをめぐる悲惨な事件が多くて不安な社会ですからやむを得ないのですが、子どもの行動を管理しすぎないようにしてください。学校や学童保育の帰り道などにちょっとした寄り道を楽しむことが子どもにはたいせつなのです。

子どもといっしょに体の変化を肯定的に受け止める

ゆがんだ性知識をもつ前に性について伝えたい

親子関係のなかで性についてドライに話すことが、日本人は苦手です。その一方で、テレビや雑誌などでは、性についての過激な表現や描写が目につきます。

性の問題は男女関係の問題であり、男女同権の考え方などいろいろな問題と複雑にからみ合っています。性について学んだり、考えたりする前に、子どもたちがゆがんだ性的表現や情報にさらされてしまうと、まちがった知識や先入観をもつおそれがあるのです。

性教育というのは、男女の生殖器についての教育や避妊教育だけではありません。体全体の教育であり、道徳教育であり、人間関係のあり方や平等をめぐる教育であり、さらには子育てや家族の教育であり、性という窓口から見た人間教育です。ていねいに教えることができれば豊かな教育になるのですが、残念ながら今の学校教育の現場では、「寝た子を起こすな」という批判に押されているのが現状です。

女の子には「自分の体をたいせつに」

性教育は家庭でも関心をもってとり組んでほしいテーマです。

まず、家庭では体の変化の意味をきちんと教えてください。特に女の子には「胸がふくらみ、初潮があるのはなぜなのか、何をあらわしているのか」ということについて説明してください。

そのときに「はずかしい」という態度はとらないこと。親の態度しだいで、子どもは性というものは隠すもの、はずかしいものと思ってしまいますから、最初の態度は大事です。おっぱいがふくらんできた子どもに「あら、いやだわ」と口走ると、ふくらむことはいやなことで、はずかしいことと思ってしまいます。「ああ、そう、よかったね」「体が大人になり始めたんだね」と体の変化を肯定的に受け止めることが大事です。特に、女の子の体の変化は肯定的に受け止めて、「自分の体は、自分でたいせつにしていこうね」と伝えます。

男の子には「みんなそうなる」と伝える

お母さんにとって、男の子の体の変化はわかりにくいかもしれません。小学生ではまだ早いかもしれませんが、寝ている間に興奮して精液が出てしまう夢精という現象があり、パンツを汚します。マスターベーションも始まります。

そういうとき、母親としては、「パンツを汚しちゃったら、自分で下洗いをして洗濯かごに入れておいて」と声をかけてあげてください。

そして、「男の子はだんだんそうなるんだよ」「大事な時期がきたんだから、自分の体はたいせつにしようね」というメッセージだけは伝えてください。

もう少し積極的に性について考えさせようと思うのであれば、小学生向けの性教育の本を渡しておけば、面と向かって話す気はずかしさは避けることができるかもしれません。

お父さんが息子に性について話せるような関係であればいいのですが、ふだんは会話もないのに突然、「おちんちんの話だけどな」となってもうまくいかないでしょう。

「セックスって何？」と聞かれたら

子どもからいきなり性に関しての質問をされるとドギマギしてしまうものです。もし「セックスって何？」と聞かれ、心構えができていなくてうまく答えられそうにもないと思ったら、「大事なことだからあとで話してあげようね」と、その場をごまかしてもいいと思います。そして「この間のことだけれど、うまく説明できないから、この本を読んでみて」と正直に話して、性に関して書いてある本を渡してもいいと思います。

低学年の子どもだったら、さらりと説明してあげてください。「赤ちゃんはどこから生まれてくるの？」という質問には「おしっことウンチをするところの間に、赤ちゃんが生まれる穴があるから、心配しなくて大丈夫だよ」というように、説明すればいいのです。

激しく叱るより、静かに対応したほうが効果がある

道徳的になるために小さな「悪」の体験が必要

「友だち」の項目で書きましたが、子どもは3～4年生になると「悪」の体験をしてみたくなります。こうしてちょっとはみ出ることは、子どもが成長していくときに、とても大事な体験なのだとあらためて強調しておきたいと思います。人間が道徳的になっていくためには、小さな不道徳を体験する必要があるのです。

私は小学生のころ、駄菓子屋さんでどんなあめだか忘れましたが、あめを1個盗んだことがあります。長いこと、そのお店の前を堂々と通ることができませんでした。

「もう悪いことをするのはいやだ」と思うようになればいい

「悪」の体験は、別の言い方をすると小さな不道徳です。その不道徳を1回することによって、「二度とあんな気持ちにはなりたくない」「絶対に盗むのはいやだ」という気持ちになります。「盗みました。返します」とも言えないので、親にも黙っているしかない。でも、それは自分の心をずっとさいなみます。お店のおばさんやお母さん、お父さんはごまかせても、絶対に自分はごまかせないのです。

友人関係でも、ちょっと裏切ったとか、自分が得をするようなことをしてしまったとか、小さな不道徳はいっぱいあります。でも、そういう経験があるから「やっぱり隠さないほうがいいんだ」「公平にしたほうがいいんだ」と学ぶのです。

叱るよりも静かに話をする

3～4年生の子どもが万引をしたら親はショックですが、順調に育っているからこそ、はみ出ることをやり始めたと思ってほしいのです。

小さな万引をしたり、親の財布からお金を黙ってとったりしたとき、逆上して叱ってもあまり効果はありません。子どもは悪いことをしたとわかっています。パチンとたたかれたら、叱られたという記憶しか残りません。ここはぜひ、いいチャンスだと思って子どもにしっかり話をしてください。じっくり考えさせることがいちばん大事なのです。

お店で万引をしてつかまったときに、親が迎

えにきて、お店の人に礼を尽くして謝り、そのうえで「さあ、帰ろう」と静かに言われたら、子どもはもう二度としないという気持ちになります。親がじっと耐えて「考えなさい」と言うことのほうが、子どもにとって影響が大きいのです。

常習にしないためには子どもの心に寄り添う

大事なことは常習にしないことです。

そのためには、不道徳がわかった段階で、子どもの心にしっかり向き合うことです。子どもが塾通いや友だち関係などでストレスを感じていて、それで万引をしたようなら、心を軽くしてやる努力をしてください。「今度、みんなで山登りでもしようよ。その日は塾のことは忘れて行こう」などと、子どもの気持ちに寄り添う姿勢を親が示してやることも大事です。頭ごなしに叱るだけでは、子どもは変わりません。

子どもといっしょに罰を受けたお父さんの話

「なるほど」と思った話があります。

小学２年生の男の子がお母さんの財布からお金を盗み、それが発覚したときに、お母さんは「あなたに一つ罰を与える。ごはんを食べないで、自分が何をしたか考えなさい」と言って、晩ごはんを抜いたそうです。そこへ帰ってきたお父さんは事情を聞いて、「そうか、じゃあ、お父さんも食べるのをやめよう」と、疲れて帰ってきたのにごはんを食べなかったのです。

「こんなことをしたのはおまえがいけないけれど、そういう子に育てた責任はおれにある。だから、お父さんも今日は食べない」と言ったそうです。そういうことを目の前でされたら、子どもは「自分はなんていけないことをしちゃったんだろう」と思います。

「お父さん、ごめん」と子どもが言ったら、「二度とこういうことをしない子になってくれれば、お父さんはそれでいい」と言ってあげればいいのです。

父親の子育て

お父さんにしかできないことを子どもに見せてやる

父親との冒険で子どもは変わる

北海道の江差に住んでいる、あるお父さんから聞いた話です。ちょっと引っ込み思案な5年生の息子に、山一つ越えた隣町まで「自転車で行かないか」と誘ったそうです。ふつうに自転車をこいで行っても半日はかかる道のりなのですが、途中で土砂降りの雨になってしまいました。「危ないから引き返そうか」とお父さんが言うと、子どもが「せっかくここまで来たから行く」と言うので、すべりそうなところは自転車を押して歩き、宿に着くころには夜の7時になっていました。

小さな旅館に泊まり、2人で風呂に入ってあたたまりながら、親子で「すげえ、よくがんばったな」「引き返さないでよかった」という会話をしたそうです。そして、この自転車旅行のあと、引っ込み思案だった男の子はがらりと変わってたくましくなり、中学1年生になったとき、江差から東北の仙台まで、一人で自転車旅行をした、と語っていました。

自信をもたせる体験をさせてやる

小学生でも勉強や塾や友だちのことでイライラしたり、容姿や性格のことで悩んでいたりするものです。そんなとき、父親は子どもに働きかけるチャンスだと思って、ちょっとした「旅」や「冒険」に誘ってみてください。

子どもはこれから自分でしっかりと生きていかなければならないわけですから、勇気がいります。自分に対する信頼も必要です。父親は、子どもが勇気や自分への信頼感をもてるように応援するのです。そして、「しっかり生きていくのをおれは見ているぞ」ということを子どもに示すような行動をとることです。

　子どもが親に対して悪態をついたとき、頭にきてパチンとやることもあるかもしれません。しかし、それでは子どもが大人へ成長していくためのステップにはなりません。

悪いことを繰り返すのは父親の関わり方にも関係がある

　前にも書いたように、万引や親の財布からお金を盗むようなことも、1回くらいなら子どもの成長過程のでき事の一つだと思い、それほど気にやむことはありません。

　しかし、常習になってしまうと、問題は違ってきます。

　常習になる子どもの多くは、家庭に問題をかかえています。とりわけ、父親に問題があるケースが多く見受けられます。いつもひととおりの説教しかしなかったり、お母さんに子育てをまかせきりで自分は全く関わらなかったり、子どもの意見も聞かず「一流中学に合格しろ」と一方的に受験を迫るような父親であるケースが多いのです。

「おまえたちのために働いている」はNG

「おまえたちのために働いているんだ」「いやな仕事もやっているんだ、それ以上、家族のために何をしなくちゃいけないんだ」と言うようなお父さんにも、問題があります。お父さんががんばって働いていることは、子どもにもわかりますから、そんな当てつけがましいことは言わなくてもいいのです。

　お父さんが愚痴ばかり言っていると、「働くということはいやいやすることなんだ」「大人社会はつまらなそう」「月給のためにはなんでもがまんしなきゃならないのか」と子どもは思います。そうすると、「働くのはいやだな」「大人になりたくないな」と思ってしまいます。

　高学年になって、思春期が近づいてくればくるほど、「大人っていいな」「働くって大事なんだな」と感じさせてくれるような関わり方が必要になります。それがないと、子どもは大人になりにくいですね。

子どもたちだけではできないことを父親はやろう

　子どもが父親に遊び相手になってほしいと思うのは、小学校低学年ぐらいまでです。3〜4年生にもなると、求めているのは友だちであり、お父さんが「いっしょにサッカーをやろう」と誘っても、のってこないことが多くなります。

　そういうときは、一人では行けないけれど、家族となら行きたくなるようなハイキングとか、子どもだけではできないけれど、父親とならや

れるようなおもしろい遊びに子どもを誘うことです。

お父さんは頼りがいのある存在になる

中学年・高学年になれば、「お父さんって深いんだ」「ふだんはばかなことばかり言っているけれど、いざというときは頼りがいがある」というような体験ができるといいですね。

ある家族がハイキングに出かけたとき、途中ですごく雨が降ってきて、びしょぬれになってしまったことがありました。「これ以上進んだら危ないから、ここでちょっとがまんするんだ」と、お父さんが子どもたちを抱きしめて、小降りになるのを待ったそうです。再スタートしたときにはあたりはすっかり暗くなって、たまたま持っていた懐中電灯で足元を照らし、お父さんが先導しながら、子どもたちが疲れるとおんぶして、山を下りたときはもう8時だったといいます。

そのとき、子どもたちは「お父さんすごいね。頼もしいね」「お父さんがいなかったらどうなっていたかわからないよね」というような体験をしたのです。「いざというときには、お父さんは頼もしい」と思えるような体験、ずぶぬれになったときに、子どもを抱きしめて守ってやるような愛情の示し方を、子どもに見せてあげてほしいと思います。

いざというときに逃げてしまうお父さんもいる

こういうときに、子どもや家族に責任を転嫁することは禁物です。

ハイキングで雨に降られても、「おまえたちがのろのろ歩いているからだ」「少しぐらいがまんしろ」と、お父さんのヒステリーを聞かされた子どもは、「男っていやだな」と思うかもしれません。

「ふだんはだめだけど、家庭に困難があったときは先頭に立ってくれるのはお父さん」「お父さんと出かけると楽しい」と思えるような父親を子どもたちは求めているのです。

私の場合は、父が東京に単身赴任をしていて、母と私たちきょうだい3人で大阪に住んでいました。母は足が悪かったので、父は月に1回帰ってくると、「生駒山に登ろう」「伏見稲荷に行こう」と言って、私たちをしょっちゅう連れ歩いてくれました。

父が見せてくれた子どもの愛し方みたいなものはすごくありがたかったし、その思い出が楽しくて、私が親になったときの一つのモデルになっています。

自分の仕事を伝える

お父さん（お母さんも）は、自分はどういう仕事をしているかをぜひ子どもに伝えてください。自慢話では子どもは喜びませんが、「お父さんの仕事はたいへんなんだけれど、社会ですごく役に立つと最近になってわかってきたんだよ」というように、具体的に話をします。技術者なら「お父さんの仕事でこれだけの人が助かっているんだ」「お父さんたちがこれを作ったんだぞ」と伝える。そうすると、お父さんの仕事は大事なんだなとわかります。「人間っていいな」「働くってすごいことなんだな」ということを見せてやってほしいのです。

いっしょに散歩ができるお父さんになる

仕事が忙しくて毎日会っていないと、なかなか子どもと親密に話せないものです。そんなときには、子どもといっしょに散歩に出かけることをおすすめします。

あるドイツ人の教育学者は、「父親はいつもぼくを散歩に誘ってくれた。２人で横に並びながら、いわゆるよもやま話をする。口数は少ないけれど、そのとき親父が語っていた言葉はぼくの財産だ」というようなことを書いています。

話の内容はなんでもいいのです。「最近、学校はどうなんだ」ということから、「子どものころには、こんなことを勉強しておくのが大事だと思うんだよ」「お父さんの子どものころはこうだった」「好きな女の子がいたんだけど、何も言えなかったんだ」「おまえはこういうところがすぐれていると思うよ」など、散歩をしながらなら、さらりと会話をするものです。「ああしろこうしろ」の命令口調でなく、なにげない会話の中に、お父さんの価値観や生きざまがふと顔をのぞかせるような散歩。

「子どもと散歩のできる父親でありたい」というのが、私の一つの夢でした。

親が考える以上に子どもはつまずきやすい

小学生の子どもは、親が考える以上に心が動揺して、やる気になったり、つまずいたりしているものです。

今の子どもたちは、放課後に自由に遊び回れる場所も時間もなくなりつつあり、学校という狭い教室の人間関係が生活のすべてのようになっています。家でも親子関係の距離が近く、自分がどう見られているかを、小学生のうちから気にしているのです。小学生の抱える葛藤でいちばん大きなものは、対人関係です。だからこそ、学校でいじめがあると、大きなつまずきになりやすいのです。子どもにとっては、成績よりも学校生活でみんなにいじめられることのほうが、はるかに大きな負担です。

子どもたちは、いじめの標的になることを恐れ、目立たないようにすることに気をつかって疲れています。その気持ちを理解したうえで、あなたはあなた、Ａちゃんは Ａちゃんのいいところがいっぱいある、ということを繰り返し伝えるように努力してほしいと思います。そして、中・高学年になれば、子どもが一人になるということは保障してあげてほしいと思います。自分と向き合う時間が大事なのです。

しつけ

生活力、社会性、コミュニケーション能力を育てる

しつけの中心は身辺自立させること

小学生のしつけで大事なのは身辺生活の自立です。自分のことはなるべく自分でやれるように、自己責任で管理しなければいけない世界を少しずつ、子どもにもたせてやります。

自立力を鍛える基本は、家庭で子どもをお客さまにしないことです。今の家庭では、子どもがどうしても手伝わなくてはならないことがほとんどありません。「あなたは勉強をしていればいいの、全部やってあげるから」と親は子どもの世話を焼きがちです。しかし、そうなると自立力は育たないのです。

さらに消費社会ですから、必要なものはお金で買ってすませる生活になりつつあり、ほうっておくと生活の自立能力はつきません。

こまかな身辺のことができないまま大人になると、整理整頓ができず、健康に気を配ることができず、勉強も仕事も、へたをすると結婚生活もうまくいかなくなります。

家事ができると三文の得

子どもたちが大きくなるころには「限りある資源だから無駄づかいをなくそう」「何でも買ってすませるのではなく、なるべく手作りをしよう」という時代になるでしょう。いろいろなものを作ったり工夫したりできることが、再び人間として大事な能力になってくるのです。今の小学生が30代、40代になるころには、自分で作った野菜を自分で調理して食べるということがあたりまえになっているかもしれません。

子どもを単なる消費者にしてはいけません。子どもと相談しながら、掃除や洗濯は分担させ、料理もいっしょに作りたいものですね。やっていると、できるようになるものです。料理の本を見て、「今日はこれに挑戦しよう」といっし

ょに作ってみたり、「土曜日の午前中は家族全員で掃除をしよう」というようなそれぞれの家庭文化をつくってほしいと思います。

家事ができて、身辺自立ができている子どもは三文どころか八文ぐらい得します。消費生活しかできない人より、人間として信頼されますし、生きる力があるのです。

2つめのしつけは社会性を育ててやること

しつけで2番めにたいせつなことは社会性を育てることです。電話の応対やあいさつや言葉づかいがじょうずにできることはもちろん、形だけではない内面の社会性を身につけなければなりません。

たとえば「これを親戚のおばさんに届けてちょうだい」とお使いを頼むと、届け先のおばさんから「お母さんはどうしてる？」と聞かれる。大人と会話しなくてはならない場面になり、どんな話し方をしたらいいのか迷い、考えるわけです。社会性というのは、こうしていろいろな人と接することによって自然とみがかれていくものです。

しかし、今の子どもたちは、ほうっておくと家庭の狭い人間関係と、学校での同年代の仲間だけのつきあいになりがちです。しかし、それでは社会性が十分には育ちません。

親は意識的に「おばあちゃんちに行って、掃除機をかけてあげて」など、子どもが大人と接する機会をふやし、「あなたならできるわよ」と励ましてください。「ちゃんとあいさつしてきたよ」「こんにちはって言ったよ」と確認できれば、きちんと評価してあげてください。

3つめのしつけはコミュニケーション

社会性の育ち方にとって、他人としっかりコミュニケーションができることも不可欠です。

これからはインターネットなどの発達で、人間が孤立化していく可能性が高い社会になります。ネットで申し込めば商品が届き、一人でできる仕事もふえます。それは気楽でいいのかもしれませんが、何かが欠けた社会になります。

一人の喜びをみんなで分かち合ったり、冗談を言い合いながら笑ったりすることは、人間の本能的な欲求です。何かを共有し合うことが人間本来の喜びなのです。

「あの人と接していると疲れる」と思われるのでなく、「あの人といると楽しい」と思われるような人間に育てたいですね。自分の本音をざっくばらんに出し、相手の話に共感して受け止めることがあたりまえのようにできれば、「あの人と話すと気持ちいいよね」と言われる人間になります。そうなれば、年をとってからもいろいろな人とつきあえます。

言葉を使ってコミュニケーションするときは、「相手にわかるように自分の考え方を述べる」「相手の話をしっかり聞く」「意見が違っても頭ごなしに反論するのではなく、きちんと同じ土俵をつくってじょうずに議論する」ことが大事です。そのためには子どもを子ども扱いしないで、親子の会話を楽しんでください。そうすれば、子どもも会話を楽しむ人間に育っていきます。

しつけが人間としての基礎力を育てる

「生活能力を身につける」「社会性を育てる」「他人と会話のできる人間に育てる」、この3つが小学生の時期の大事なしつけ目標です。どれも人間としての基礎力ですが、今の社会はこれらを育てることが存外にむずかしくなってきているのです。

いずれの目標も、子どもを親の（育ての）手段ではなく、独自の人格をもった主体として扱うこと、子どもを目的として尊重することのたいせつさを要求していることに気づくでしょう。しつけの基本は子どもを子ども扱いしないことなのです。

寿命は伸びているのに、学童期は短くなっている

寿命が伸び、人生80年といわれます。長い人生で、幼児期は生まれてから6〜7歳まで。幼児期の成長の内容は3000年前も今もあまり変わりないと思われますし、6〜7年という幼児期の長さも変わっていません。

ところが、思春期の始まりは、年齢が下がっています。初潮年齢も平均12歳で、男女ともに体の成熟が早くなっています。

そうなると、幼児期と思春期にはさまれた学童期が短くなっていることになります。

学童期とは、幼児期のように親に全面的に依存する時代ではなく、また、思春期のように自分の人生を決めなくてはいけないとか、性的アイデンティティを引き受けなくてはならないといった、大人の準備をするときでもありません。徹底的に遊んだり、好きなことに熱中したり、一生の友だちをつくったりして、人生をいちばんエンジョイする時期といえるかもしれません。その時間が短くなっているのです。

だからこそ、学童期を大事にして、長く豊かに過ごせる配慮が必要なのです。できれば、小学校を卒業するまでは学童期だった、というふうにしてやれるといいと思います。

学童期の間に、思いきり遊んだり、好きなことに徹底的にこってみたり、満天の星を見て感動するような体験を存分にすると、大事な時期を生ききった、満足したと感じて次のステップに進めます。逆だと、やり残しがいっぱいあるという気持ちを引きずったまま人生を送ることになってしまいます。

中学校に向けて

勉強も生活も、自分のことは自分で決める

体も心も大人になる準備、練習をする

小学校を卒業すると、いよいよ中学生。思春期という激動の時代に入っていきます。

中学生期は思春期であり、人間としていろいろな悩み、葛藤を抱える時期です。体は大人と同じようになっていきますが、心はそう簡単に大人と同じようにはなっていきません。心がしっかりと大人になっていく準備、練習をしていくのが、中学生の時期です。

中学生時代にいちばんたいせつなことは、勉強も生活も自分で決めることにあります。小学校では、先生が勉強や生活に関してこまやかに指導していましたし、親も「5時までに帰ってくるのよ」「日曜日はこうしてね」というような生活の管理をこまかくやってきました。それが、中学生になると、学校でも家庭でも、こまかな指導を少しずつはずしていくことになります。

試行錯誤しながら自分で決める、自分でやる

子どもは自分のことは全部自分で決めたいと思っているのに、親はまだまだ小学校のつづきでうるさく干渉したがります。

そんなときは、親子で話し合いましょう。「自分のことは自分で決めるから、あまり干渉しないでほしい」「じゃあ、朝は起こさないから自分で起きてきなさい」「掃除しなさいとは言わないから、自分の部屋は自分で整理整頓してね」と意見を交換して決めていきます。門限や小づかいの額も話し合って決めてください。家の仕事もある程度、分担してもらうようにします。

このように少しずつ子どもの自活能力、自立能力を鍛えるように切りかえていくのですが、内容は身辺自立だけでなく、精神的自立の力を鍛えていくことになります。そのためのやり方は子どものそれまでの育ちや性格に応じて、それぞれに考える必要があります。バ

ーンと突き放したほうが自立できる子もいれば、急に手を離すと危うい子もいますから、子どもの様子をしっかり見守りながら自立を促します。
ときには親子で激しく対立することがありますが、それをきっかけに少しずつ子どもに委ねることをふやしていくことが大事です。

自分に合った勉強方法を見つける

中学では、中間テストや期末テストなどの定期試験が始まります。授業で習った内容を自分で復習し、試験に備えることは、小学校ではあまりやらなかったことです。試験前に集中して、まとめノートを作るのか、いちばん得意な数学から手をつけるのか、どのような勉強方法をとるかを全部自分で決めなくてはなりません。

試験前でなくても、予習をするのか復習をするのか、自分に合った勉強法を見つけていくのが中学に入って最初の課題になります。

ここで自立能力を高めておくと、高校受験の勉強にとり組むときにも、自分で計画を立てて進められるようになります。どんな勉強法がいいか、どうしたら集中でき、勉強がはかどるか、自分に適した勉強方法を自分で発見できるので、自分に自信がつくようになるのです。

塾依存ではほんとうの学力はつかない

塾に依存していると、自分なりの勉強方法が見つけにくくなります。今の塾というのは、いかにじょうずに教えるかが売りになっています。よくできたテキストもあり、ある意味至れり尽くせりです。それで、高校受験に成功することはできるかもしれません。

しかし、中学生のうちに自分なりの勉強法を自分で見つけられなかった子どもは、のちの大学受験や社会人になったときに苦労することになります。

塾依存の勉強では、自立力が身につかないのです。特に、中学受験ではほとんどの子どもは塾依存でやってきているでしょうから、中学に入学してからは切りかえないと学力は伸びなくなります。

指示待ち人間に育てない

何度も述べてきましたが、「勉強さえしてくれれば、あとは全部してあげるよ」という親の態度では、子どもの自立能力を育てることはできません。

子どもが社会に出たとき、偏差値が高いかどうかというのはたいして役に立ちません。それよりも、自分で自分のことができて、人の世話を率先して買って出るような人間が職場で評価されるのです。自分から動こうとせず、仕事も言われたことしかせず、自分がしなければならないことに気がつかない、そんな人間にしたくないからこそ、「自立力」なのです。

第5章

中学受験を考えたとき、知っておきたいこと

親のじょうずなサポートで中学受験を乗り越える

中学受験の目的は志望校合格だけではありません。
この年ごろの柔軟な頭を鍛え、
子どもの将来の可能性を広げていくことにもつながります。
中学受験で完結することなく、
中学・高校と学力を伸ばしていける中学受験について考えてみました。

中学受験をすることで、子どもが得るものは必ずある

子どもの数が減っても志望者が多く競争率は依然高い

最近では、公立学校選択制が広がり、進学したい公立小・中学校を複数校の中から選べるようになりました。

たとえば、地元の公立中学を見学して、人数が少なく、部活も活発には見えず、突っ張った子どももいて、先生たちにもあまり覇気がないと感じて心配になり、「この子の将来を考えたら私立に進ませたい」「私立や国立の中学に進学すれば、その後の受験勉強も楽になるのではないか」――そのように考える人はかなりいると思います。

そうした背景もあって、家から多少遠くても、気に入った中学を選んで通わせるケースがふえています。進学先を選択することが一般的になってきて、都市部だけでなく、全国的にも国立や私立、公立の中高一貫の中学を選択することがふえています。

子どもの総数は減っていますが、中学受験をする子どもはふえているという現象が起こっているのです。しかも、私立中学の定員はそれほどふえていないため、中学受験の競争率は依然として高く、受験専門の塾・予備校に通って勉強をしないと、合格はむずかしくなっています。

中学受験することを決めたら、親はたいてい2〜3年間は、子どもとしっかりつきあっていかなければならなくなります。子どもに合う塾を探したり、いろいろな面からじょうずに励ましつづけたりすることを覚悟しなくてはなりません。

柔軟な頭をしっかり鍛えることができる

中学受験の目標は希望する中学に合格することですが、決してそれだけではないと思います。

中学受験という経験をしたあとに実になって残るのは、頭が柔軟な時期に一所懸命勉強して、いろいろ考える体験をした、いろいろな知識を覚える体験をしたということです。

頭を使い、目いっぱい鍛える練習をした体験が、あとでうまく生きてくるということです。

ほうっておいたらテレビゲームばかりに熱中して、勉強も宿題をするぐらいだったかもしれないのに、中学受験を目ざすことで、学校の勉強よりもはるかにむずかしいことを一所懸命に

考えたり、問題を解いたり、知識を覚えたりするのですから、子どもの頭を鍛える経験になる、ということははっきりと言えます。

希望の中学に入れなくても残るものがある

もう一つ、受験勉強を乗り越えたという達成感、自分はやればできるのだという自己信頼感も子どもは手にすることができます。

一所懸命にやったら、むずかしい算数の問題の解き方もわかるようになった、知識を記憶する自分なりの方法も身についた、ということもあります。

たとえ希望の学校に入れなくても、勉強の手ごたえのようなものを身につけたという経験は、これからの子どもの勉強において大きな自信になります。

ただ、希望していた学校に入れないと、せっかくがんばったのに……という挫折感が強く残ることがあります。

でも、そういうふうに考えることは極力避けなければなりません。親が「あなたはがんばった。頭の練習をしたんだから、あとで絶対に生きてくるよ」――こういうメッセージを送りつづけることで、子どもに自己信頼感をもたせることができます。

結果として希望の中学に入れなくても、励ましようで、多くのことを手に入れられるのです。

ただし、このあとで述べますが、中学受験の勉強方法によっては、中学入学後に学力が伸びにくくなることもあります。そこのところは親がしっかり見てやらなければいけません。

「なぜ中学受験をするのか」を親子で話し合ってほしい

受験をすることの意味、メリットを確認する

子どもの将来を考え、中学受験にチャレンジさせたいとき、親はどんな話をすればよいでしょうか。

たとえば、「小学校高学年は頭がとても柔軟で、学力が伸びるときなんだよ。そのときに一所懸命に努力して自分の頭を鍛えておくことは、あなたのこれからの人生にまちがいなく生きてくる」というふうに話してやるのも一つのアイディアです。

また、「いずれ高校受験や大学受験で自分が試されるときがあるけれど、中学受験しておくと高校受験をする必要はないんだ。それに、高校受験で中断することなく、じっくりと部活など自分の熱中できることにとり組めるのはいいことだとお母さんやお父さんは思う」「○○中学校はいい教育をしてくれると思うから、がんばって勉強して進学してほしい」と伝えるのもいいでしょう。

それに、受験をするなら、「部活が盛ん」「すてきな先輩がいる」「制服がかっこいい」というような基準で、子ども自身が中学を選ぶことができることも教えてほしいと思います。

子どもと学校見学をして、「あの学校は雰囲気がよさそうだね」「みんな楽しそうだね」「部活が充実しているね」「文化祭がおもしろいね」というように、じょうずに動機づけしてやることもできるでしょう。

そのうえで、「自分の力をがんばって伸ばしてみる価値はあると思うけれど、どうする?」というように聞いてみてはどうでしょうか。

もし希望の中学に入れなくてもあとに残るものはある

受験の話をするときには、「選抜試験なのだから、だれかが受かって、だれかが落ちる。志望校に入れないこともあることは覚えておいて。でも、落ちたとしても、一所懸命に勉強したことで、あなたの中に残るものはたくさんあるのよ」とも伝えてあげてください。

そして、「受験を途中でやめることもできる」と伝えておいてやることも大事です。

子どもだって、志望校に入れなかったり、中学受験を途中でやめることになれば、かなりの挫折感を味わいます。でも、その挫折感をうまくバネにできるかどうかで、その後の人生は変わっていくものなのです。

第一志望ではない中学に進学したときに、「受からなかったけれど、いっぱいいろいろなものを手に入れたよ」と感じられるようにならないと、「ぼくは落伍者」という意識をもってしまいます。

しかも、それまでは塾のほうからやるべきことがどんどん指示されたのに、中学校に入ると自分でやるべきことを探さなければならなくなる機会がふえます。この道に対応できないと、ほんとうに落伍してしまいます。

中学受験に向いていない子どももいる

子どもが無理をしている、落ち込んでいると感じたときは、いつでも受験をやめさせる心構えを親がもっていたほうがいいと思います。

そのときには、「途中でやめた」という挫折感を残さないように、「今までがんばったことは、高校受験のときに生きてくるよ。中学でまたがんばろう」と言ってやります。

このくらいの年齢のときには、集中して勉強するのが苦手な子どももいます。それは、その子がこの先ずっと勉強する意欲がないということではありません。中学受験の勉強に向いていないだけです。

また、解き方を暗記して、短い時間で解答を出すというようなことが不得意な子もいますから、中学受験で伸びないからといって「勉強が不得意」と決めつけることはありません。

中学受験で終わらず、あと伸びする子どもにするために

解き方の丸暗記では中学以降の学力が伸びにくい

中学受験が子どもの最終目標ではありません。ところが、中学受験の勉強をしたために、学力が伸びにくくなってしまう子どももいます。

そのことは、勉強のやり方にも関わっているので、知っておいてほしいと思います。

試験というのは、制限時間内に正しい解答を要領よく導き出すことを要求します。ですから、塾で教わった解き方のパターンを丸暗記して効率的に問題を解き、より多くの点数をとる方法をきちんと覚えることが重要になります。特に中学受験の問題は特殊なので、これができないとなかなか成功しません。

ところが、こういう勉強法が身についてしまうと、中学・高校で柔軟に考えることが苦手になる可能性があります。

算数のところでもふれましたが、中学・高校では自分で考えて答えを見つけ出していくことが重要になります。ところが、中学受験の勉強方法に慣れきってしまった子どもは、「あれこれ考えるんじゃなくて、早く解ける方法を教えてよ」となりがちです。でも、そのような姿勢では柔軟な思考力は育たないのです。

中学受験で優秀だった子どもが、中学・高校で成績が伸び悩む、というケースは決して少なくありません。また、中学受験においても、点をとるためのテクニックだけを覚える勉強法をつづけていた子は、成績が伸びにくい傾向があります。

じっくり指導してくれる塾を選ぶ

中学受験が近づく6年生の後半になったら、受験テクニックをみがく勉強はもちろん必要です。でも、それまでは、子どもに解き方を考えさせてから最後に、「早く解ける方法もあるよ」くらいに指導してくれるような塾を選ぶといい

と思います。

親はテストの点数に一喜一憂しないで、「まちがえたところをもう一度やってみよう」というように、なぜまちがえたのかを子どもが考えられるような雰囲気がつくれるといいですね。

中学入学後の成績がいまひとつだとしたら、中学受験の勉強法から脱却できていないのかもしれません。そのときは手っとり早く点数を上げようとせず、じっくりと自分なりの勉強法をつくり出すように励ましてください。

自分で計画を立てて勉強することがたいせつ

中学で学力が伸びないもう一つの原因として、親や塾が敷いたレールに乗って勉強していたこともあります。

中学受験では子どもが自主的に計画を立てて勉強することはたいてい無理ですから、勉強の計画は親や塾が立てます。こうして管理されて勉強することに慣れてしまうと、中学生になってもだれかに管理されていないとやることを自分では見つけられないということになりかねません。

できたら、「勉強時間はいつにする？」「何時に起きる？」「見たいテレビ番組はどれ？」というように聞きながら、子どもの意見を尊重して勉強の計画を自分で立てさせてください。

ひょっとしたら、自分の勉強法をあれこれ模索しなくても、めんどう見のよい学校や塾、家庭教師の言われたとおりにやっていれば志望大学に受かってしまうかもしれません。しかし、それでは大学や仕事で意欲的に研究にとり組むようにはなれないでしょう。中学受験は、人生の初期に自分という人間を鍛える練習だということをはっきりさせておくことが肝要です。

考える楽しさを教えてくれる塾を選ぶ

中学受験にとって塾選びはたいせつです。できるだけ多くの情報を集め、実際に授業を見て、信頼できる塾、信頼できる先生を選んでください。

中学受験には、テクニックと呼ばれるようなものが必要です。特に算数は、テクニックを暗記して問題を解いていくことがきわめて多いのですが、中学年のころからテクニックの暗記ばかりさせていては考える練習になりませんし、あと伸びしなくなってしまいます。考える楽しさも教えるような教育方針の塾がいいと思います。

個人指導をていねいにやってくれることもたいせつです。親の相談にも乗り、その子に合った指導をしてくれることが必要です。

また、私立中学にはそれぞれ特徴があり、学校見学に行っただけではわかりにくいこともあるので、塾が学校情報をたくさんもっていて的確なアドバイスをしてくれるのも頼りになります。

受験勉強する子どもに、親が心がけてほしいこと

中学受験期は本来、ギャングエイジ

小学校の中学年から高学年のころは、本来目いっぱい遊んで、仲間とワクワクするような体験をしてみたり、ときにはケンカもしたりしながら仲間と結束を強める経験をして、人生をじょうずに手作りしていく練習をする時期です。

中学受験はプラスのことがあるにしても、そのような体験を受験勉強で犠牲にしていること

を親はしっかり覚えておいてください。

ときには友だちと外でダイナミックに遊べるように配慮してやるのも、受験を乗り切るたいせつな気配りといえます。

親がへたな家庭教師にならない

親としてはせっかくお金を出し、子どもをサポートするような生活をしているのですから、志望校に合格してほしい、合格させてやりたいと思うのはあたりまえでしょう。だからこそ、ほんとうに勉強がわかっているか、気になってしかたなくなるのです。

でも、そのときに子どもの前にしゃしゃり出てしまうと、「どうしてこんなこともわからないのよ」と叱ることになってしまいがちです。

高学年になって勉強がむずかしくなると、指導のプロではない親には、問題をわかりやすく説明することはむずかしいのです。

勉強については塾に任せて、いっしょに博物館に行ったり、歴史のドキュメンタリー番組を見たりして、生活の中でさりげなく知識を広げることに心を配ってほしいと思います。

中学受験を決めたのは実は親である

「あなたが受験するって言うから、お母さんはこんなに協力しているのよ」などと言って、子どもを追い詰めるのは感心しません。

確かに「受験したい」と言ったのは子どもかもしれません。でも、「受験してもいいかな」と子どもが思ったのは、親がその気にさせるような仕掛けを作ったからでしょうし、子どもは「受験する」と言ったほうが親が喜びそうだと察して言ったのです。それに、子どもは受験勉強がこんなにたいへんだなんて予想もつかなかったと思います。

ですから、成績が下がっても「あなたが受験すると言ったんだから」と追い詰めるのではなく、「前より学力は上がっているよ。大丈夫だよ」と励ますことです。

最後の追い込みはなるべく短く

学童期は友だちとワイワイ遊ぶのが大好きな時期ですから、その時期に遊びをがまんして勉強をするというのは、子どもにとってはかなりの試練です。

子どものタイプにもよりますが、長い期間、勉強だけにしばられては、子どもはストレスがたまり、勉強に集中できなくなってきます。それに、長時間、勉強にしばりつけたからといって成績が伸びるわけではありません。

中学年からコツコツ少しずつ勉強するにしても、本格的な受験勉強はなるべく短期決戦で挑んでみてください。

塾通いの子どもの心にはメンテナンスを忘れずに

子どもはたいへんなプレッシャーを抱えている

中学受験は、子どもにとってたいへんな負担です。遊びにも行かず、親の期待にこたえて、一所懸命にがんばりつづけているのですから。

塾の成績がトップクラスの子どもたちはほめられるし、達成感もあるのでいいのですが、そうした子どもは、ほんのひとにぎりです。

それ以外の子どもたちだって、がんばれば成績が伸びるという希望をもって勉強していますが、みんながんばっているわけですから、どんどん成績が伸びるなどということはめったにないものです。しかも、5年生後半にもなると学習内容は急にむずかしくなりますから、「自分はできないかもしれない」「もうやりたくない」と思うようになる子がふえます。

それを乗り越えたとしても、6年生の2学期に最大の山場がやってきます。いよいよ志望校を決めなくてはならなくなり、「今の点数ならこのあたりの学校だね」と自分の成績で現実を突きつけられると、だんだん不安に耐えられなくなってきます。

子どもが塾をサボるとき

私が以前、塾で教えていたとき、「塾へ行く」と家を出るのに、実は山手線に乗ってグルグル回っていた子どもがいました。不安で勉強意欲はそがれていくけれど、親には勉強をしている姿を見せなくてはいけないので、塾へ行くそぶりをしていたのです。この子は結局、成績を伸ばすことができず、志望校に合格することはできませんでした。

追い詰められた気持ちになって塾をサボるよ

うになる子どもの家庭は、一つ一つのテストの成績に神経質になっている傾向があります。

　受験勉強をじょうずに乗り切るタイプの家庭は、悪い点数をとってきても「こんな点数をとっちゃったの」と笑い飛ばして、「それでも前よりは上がっているじゃない。気にしなくていいよ。大丈夫、大丈夫」「人生は長いんだから、これから中学・高校と伸びていけばいいんだから、今がんばってやれることをしていこう」とおおらかに励まし、テストの点数にはそれほど神経質にならない傾向があります。

　しかし、ほとんどの親はそんなに悠長に構えることができないのが実情でしょう。試験のたびに「上がった」「下がった」と一喜一憂する。小さな心で必死にやっている子どもにとっては、親が見せる表情や態度はプレッシャーです。

ウソは子どもからのサイン

子どもが塾をサボるなど、何かウソをついていることがわかったときは、子どもからの一つのサインだと受け止めてください。「今のような生活では疲れちゃうよ」「今のような生活はもうつづけたくないんだ」など、子どもが親に言葉ではない形で伝えようとするサインなのです。

　そういうときは、ウソをついた理由を根掘り葉掘り聞こうとするのではなく、気分転換をしてやってほしい。週末まで塾の公開模試や特別講習に行かせるのではなく、「おいしいものを食べに行こう」「ハイキングに行こう」などと誘ってください。そして、なごやかな雰囲気のなかで、話を聞いてやります。「週に1回は友だちと遊びたい」「毎週、漫画雑誌だけは読みたい」などというささやかな希望かもしれません。「もう受験をやめたい」ということなら、何がいやになっているか聞いてやります。話を聞くときは、決して子ども扱いをしてはいけません。

　親も「自分たちの対応が子どもにストレスを与えているのかな」と反省して、子どもが本音を言える関係に戻れるように、修復する努力をしてみてください。そういう心のメンテナンスが、結局は中学受験を乗り切る力になっていくのです。

公立中学にもいいところ、メリットがたくさんある

いろいろな階層の人と出会うことができる

中学受験ブームの中、地元の公立中学に進学させて大丈夫?と心配している人も多いと思いますので、公立中学のよさを2つあげておきます。

1つは、さまざまな階層の人に出会えること。

裏を返せば、私立や国立中学に進学すると、「世の中にはいろいろな階層の人がいる」「学力には差がある」「いろいろな事情で貧しい家庭がある」などということがよくわからなくなるところがあります。

公立中学に通っていると、「あいつはつきあいの悪いやつだ」と思っていたけれど、よくよく聞いたら「一人親家庭でお母さんが働いているから、早く帰って弟や妹のめんどうを見なければならない」とわかったりする。部活でユニフォームを買わない友だちがいるけれど、経済的に苦しくて買ってもらえないらしいことがわかり、自分より家庭の条件に恵まれていない友だちがいることがわかる、というように、この先に出会ういろいろな人生模様を中学で体験するわけです。

子どもは自分さえよければいいとは考えないものです。家庭に恵まれていなくて、困っている友だちはなんとかしてあげたいと思う。「生きる」ということを考えながら、多感な思春期を生きていくという点では、公立の学校のほうが人間形成力は豊かかもしれません。

小学校時代からの友だちと長くつきあうことができる

2つめは、人生の宝になるような友だちができること。地元の中学校へ通い、いちばん多感な思春期を地元で過ごし、そこに友だちがいて、放課後もあれこれいっしょに過ごす。こういう体験は得がたいものだと思いますし、こういうつきあいができた友だちは人生の宝です。

私立中学に通うと、友だちと遊ぶといっても、地元には友だちはほとんどいない場合がほとんどになります。遊ぶ場所も繁華街、となりがちです。小学校時代に仲のよかった友だちとは離れてしまいます。

私立中学と公立中学にそれぞれ進学した息子たち

わが家では3人の子どものうち、いちばん下の子だけが小学校高学年から塾へ行き、私立中学に進学しました。塾に通う友だちがふえ、しかも塾に通っている子は学校の成績もよいということを発見して、「ぼくも塾に行く」と言いだしました。

ところが、成績はよくならない。彼は「塾に行けば勉強ができるようになる」とは思っていましたが、塾は宿題があり、家に帰っても勉強しなくてはついていけないことを知らなかったのです。

塾の授業がわからないようなので「お父さんが説明してやるよ」と言ったのですが、「いらない」というので、まあ自分なりに努力をしていくだろう、干渉しないでほしいということかもしれないと思い、それ以上は介

入しませんでした。

でも、それが彼にとってはよかったのだと思います。

塾の先生からは「合格するような有名中学は見当たらない」と言われましたが、本人が新設校で入りやすそうな中学を探して入りました。そこではなかなかいい教育をしてくれて自由に過ごし、彼は能力を伸ばすことができて、希望の大学に進学しました。

塾に行かなかったまん中の子ども

一方、まん中の子どもは小学校時代、「あんなつまらない勉強を塾に行ってもやるなんて、ぼくの友だちじゃない」と言って、塾に行かない友だちを集めて、毎日遊んでいました。

地元の公立中学に進学し、高校の受験勉強など意味がないと、自分から英国へ留学しました（親のそばにいるのがわずらわしいという理由もあったと思いますが）。

英国に住んでいたときも、中学がいっしょだった友だち数人が遊びに行ったりして、交流はつづいていました。保育園からいっしょの友だちもいて、家庭事情がたいへんになるとみんなで助けたり、道をはずれそうになる子をみんなで引き戻したりして、今でも結束が固く、とても仲がいい。結局、まん中の子は日本に戻って大学院まで進みましたが、今でも学歴もいろいろな友だちがいて、豊かな人間関係は彼の価値観、人生観に大きな影響を与えていると思います。

その意味で、いちばん下の子は中高一貫校でまあよい教育を受けることはできたけれど、保育園や小学校の友だちづきあいがつづかず、多感な中学時代に多様な階層の友だちができなかったことはかわいそうだったかなと思ったりもします。

わが家の体験がすべてではありませんが、「公立中学で人生の幅を広げることができたことは、この子の人生で必ずプラスになる」と親が信じ、見守ってやってください。

セレクトBOOKS

小学生《しょうがくせい》 学力《がくりょく》を伸《の》ばす 生《い》きる力《ちから》を育《そだ》てる

著　者　汐《しお》見《み》稔幸《としゆき》
発行者　荻野善之
発行所　株式会社 主婦の友社
〒101-8911 東京都千代田区神田駿河台2-9
☎03-5280-7537(編集)
☎03-5280-7551(販売)
印刷所　図書印刷株式会社

ISBN978-4-07-275783-3

さ-022801